디지털 트렌드 2021

디지털 트렌드 2021

권병일·권서림 지음

책들의정원

미래는
우리를 기다리지 않는다

급격하게 이루어질 디지털 전환

2000년대 초, 세계인은 설렘과 긴장 속에서 '과연 밀레니엄 시대는 어떨까?'라는 생각을 품었다. 그러나 특별한 변화는 보이지 않았다. 그리고 2021년, 인류는 진정한 밀레니엄 시대를 맞이한다. 이는 바로 코로나19 때문이다. 전문가 의견에 따르면 코로나19는 일회성 이벤트가 아니라고 한다. 이는 최소 2~3년간 지속될 것이며 새로운 형태의 바이러스가 유행할 가능성이 높다는 것이다.

세계적 미래학자 존 나이스비트John Naisbitt는 《메가트렌드 2000》에서 생물학 시대의 도래를 예견하였다. 중세 유럽의 흑사병 이후 교회 권위의 몰락, 장원 체제의 붕괴, 도시로 진출한 농노의 부르주아 현상, 인간 본질의 중요성에 따른 르네상스 태동은 종국적으로 신대륙 발견과 산업혁명으로 이어졌다. 포스트 코로나 시대 역시 이처럼 대단한 변혁이 발생하리라 생각한다. 미래연구 전문가인 유엔미래포럼 박영숙 대표는 저서《세계미래보고서 2035-2055》에서 미래가 앞당겨지며 건강과 수명연장, 스마트 시티&라이프, 경제와 일자리, 교육, 환경과 에너지, 기술 등의 분야에서 전반적인 변화를 예고하고 있다.

　그렇다면 미래의 변화에 대해 디지털은 어떠한 역할을 할 것인가? 그동안 디지털이 완만한 수준에서 발전되었다면, 포스트 코로나 시대에서는 디지털을 활용하는 수준이 퀀텀 점프quantum jump, 즉 압축 성장을 하게 될 것이다. 포스트 코로나의 화두는 검은 백조가 불러온 언택트다.《디지털 트렌드 2021》은 언택트를 골격으로 한 디지털의 변화 방향성을 제시한다.

우리에게는 정확한 데이터가 필요하다

　본서의 1부는《디지털 트렌드 2020》이 전망했던 미래가 어떻게 실현되었는지 점검한다. 지난 1년간 벌어진 사건을 추적하고 팬데믹으로 인해 달라진 환경도 조망한다. 2부에서는 인공지능, 빅데이터, AR · VR, IoT, 챗봇 · RPA, 5G와 같은 신기술이 어디까지 발전했는지 알아본다. 동시에 비즈니스 모델, 플랫폼, 스마트시티, 디지털 정부와 같은 사회 변화상에 대해서도 논한다. 디지털 트랜스포메이션, 디지털 워크, 포스트 코로나와 같은 사회 전반적 이슈를 다루며 우리가 함께 생각해봐야 할 지점도 제시할 것이다.

본서는 기존의 디지털 관련 서적은 물론 IBM, 딜로이트, AT커니 등 글로벌 컨설팅 기업의 화이트 페이퍼와 정부 정책 관련 자료를 다수 참조하여 가장 빠르고 정확한 정보를 제시하기 위해 노력했다. 또한 독자의 이해를 돕고 실행을 용이하게 하기 위해서 다수의 도표를 수록했다.

최근 4차 산업혁명, 디지털 트랜스포메이션, 인더스트리 4.0에 관한 서적이 줄지어 출간되고 있으나 일반인 및 기업을 위해 필요한 포인트만 골라 설명한 책은 마땅치 않다. 본서는 기업 및 조직이 디지털 전환을 추진하기 위해 반드시 읽어야 할 트렌드서로 기획 및 집필되었다.

필자는 30여 년에 걸쳐 IT 전략, 포털, e-비즈니스 & 비즈니스 모델, 플랫폼, CRM, 경영전략, 이러닝, 마케팅, 프로세스 혁신 등의 분야와 금융, 물류, 건설, 제조, 서비스, 유틸리티, 공공분야 등의 영역에서 50여 차례 컨설팅 및 강의를 진행해왔다. 이러한 경험과 지식은 본서를 집필할 수 있는 원동력이 되었다. 그러나 이러한 경험에도 여전히 미래에 대해서는 장님이 코끼리 더듬는 수준이라는 한계를 인정할 수밖에 없다. 따라서 출간 이후에도 지속해서 연구하여 더욱 완벽한 트렌드를 제시하기 위해 노력할 것이다. 본서를 읽는 독자 여러분은 저자의 뜻에 동참하는 입장에서 따가운 질

책을 보내주기를 간절히 바라는 바이며 궁금한 점에 대해서 언제라도 문의

하기를 기대한다.

2020년 9월

권병일

차례

2부 디지털 트렌드 2021 전망

1부

디지털 트렌드 2020 리뷰

ISSUE 1 ── 감성AI
인간의 두뇌를 넘어선 AI가
도전할 다음 과제는 '인간의 마음'

《디지털 트렌드 2020》 REVIEW

인공지능이 나를 이해함으로써, 사람은 이전보다 진화한 개인 맞춤형 서비스를 받을 수 있다. 인공지능이 나를 이해한다는 것은 궁극적으로 감성 인공지능Affective Computing으로 연결될 것이다. 해외의 경우 감성 인공 지능을 'Affective Computing' 'Artificial Emotional Intelligence' 'Emotion AI' 등으로 혼재해서 부르고 있다. 이들 중 가장 보편화된 용어는 'Affective Computing'이다. (…) 2020년의 인공지능은 사람의 감성과 맥락을 이해하기 위해 부단히 노력하게 될 것이다. 더불어 공학과 인문학적 사고를 융합 가능한 새로운 전문가의 필요성이 커지게 될 것이다. 2019년 9월 라디오 방송 중에 만난 한 도로교통 분석 전문가는 내게 다음과 같은 말을 했다. "교통 빅데이터 분석이 '공학'이라면, 분석된 데이터를 이해하고 대중과 커뮤니케이션하는 교통 예보는 '인문'이다. 사람의 마음과 심리를 읽고 그에 맞는 표현과 전달이 가능해야만 진정한 교통 예보를 할 수 있다." 인공지능 역시 마찬가지다. 사람의 감성을 이해하기 위한 노력이 동반되지 않는 인공지능은 반쪽짜리와 다름없다.

《디지털 트렌드 2020》 pp.52~59

현재 버스 정류장 안내, ARS 음성 안내 등에서는 기계음을 대신하여 사람의 목소리가 안내 방송을 한다. 그만큼 우리는 기계음에 대한 거부감이 있다. 개인용 컴퓨터의 TTS^{text to speech}는 기계음을 통해 글을 읽어주는데 역시 듣는 이에게 자연스럽지 않다.

이러한 문제를 해결하는 것은 감성 AI 기술이다. 국내 스타트업인 네오사피엔스는 AI 성우 서비스 타입캐스트^{typecast}를 선보였다. 이는 전문 성우의 목소리를 활용한 인공지능 음성 생성 기술을 기반으로 텍스트를 오디오 콘텐츠로 변환해 주는 서비스다. AI 성우 서비스는 오디오북뿐만 아니라, 음성 챗봇 등에도 적용이 필수적이다. 다양한 인공지능 챗봇을 개발하고 있는 머니브레인의 장세영 대표는 "챗봇 서비스에 있어서 사용자로부터 가장 큰 거부감을 가져오는 걸림돌이 바로 자연스럽지 못한 음성이기 때문에 딥러닝 음성합성기술로 이를 극복하기 위해 노력하고 있다"고 말한다.

한편 일본에서는 필기체 글자인 '쿠주시지'를 인식하고 읽을 수 있는 AI '쿠로넷'을 개발했다. KAIST는 감성 지능 기술 기반의 미래 산업 창출을 위한 공공 DB 구축 사업에 주도적으로 나서고 있다. 감성 주행 자동차의 READ 시스템^{real-time emotion adaptive driving system}은 운전자의 감정을 인식해 주행 환경 등을 조성하는 기술이다. 이는 운전자의 표정과 생체정보^{표정, 심장박동 등}를 읽고, AI가 이를 분석해 운전자의 기분을 파악한 후에 운전자의 감정을 최적화하기 위해 조명, 음향, 조향, 온도 등 실내 공간을 조성한다.

코로나19 이후 비대면을 기본으로 한 화상 채용 면접이 확산되며 구직자의 얼굴 표정을 감정 인식기로 판별을 하는 기술이 활용되고 있다. 인공지능은 우리 생활 속에 점점 깊숙이 침투하고 있다. 따라서 사람과 인공지능이 상호작용이 갈수록 증가하는 것이다. 이러한 상호작용을 위해서는 인공 감성지능^{AEI, artificial emotional intelligence} 구현이 새로운 목표로 떠오르고 있다. 이처럼 인공지능의 기술은 감성 인공지능으로 치열한 경쟁을 벌이고 있다. 전문기관에서는 감상 AI 시장을 연평균 성장률^{CAGR}을 40% 수준으로 전망하고 있지만, 감성 AI를 활용한 다양한 응용서비스를 고려한다면 훨씬 더 폭발적인 성장도 가능하다고 할 수 있다.

◇◇◇◇◇◇◇◇

ISSUE 2 ─ 개인화 마케팅
미국의 견제에도 틱톡이
몸값 유지하는 이유는?

《디지털 트렌드 2020》REVIEW

애플의 아이폰이 콘텐츠 소비 방식을 바꿨다. 이후 '내가 선택한 것'을 '나 혼자' 보게 된다. 최근 1~2년 사이에는 '남이 추천한 것'을 '나 혼자' 볼 수 있게 되었다. 큐레이션curation이다. 큐레이션의 등장이 큐레이션의 범람으로 이어지기까지 그리 오랜 시간이 필요하지 않았다. 디지털 기반의 큐레이션은 국내 기준 2010년대 중반 이후 대중적으로 쓰이기 시작했고, 최근엔 다수의 기업이 큐레이션을 전면에 내세운다. 자, 일부 독자는 콘텐츠 소비 방식의 변화 주기가 빨라지고 있음을 눈치 챘을 것이다. (…) 우리는 수십 년의 시간 동안 똑같은 것을 함께 소비했다. (…) 수십 년이 흘러 이제는 내 가 선택한 것을 나 혼자 소비하게 된다. 이 방식이 주류에 자리한 것은 십 년이 채 되지 않는다. 여기에 남이 추천해준 것을 소비하는 방식이 더해졌고, 이제 새로운 방식이 시장에 진입하고 있다. 내게 맞춘 것을 내가 직접 만드는 시대이다. 앞으로는 추천조차 불필요한 일이 될 것이다. 일각에선 이러한 변화를 초개인화hyper-personalization로 부른다.

《디지털 트렌드 2020》 pp.97~98

아파트 내의 놀이터를 지나가는데, 유모차에 돌이 갓 지난 아기가 스마트폰으로 유튜브를 보고 있었다. 나 역시 유튜브 시청을 즐겨한다. 유튜브 시청 시 중간에 삽입된 광고가 살짝 짜증이 나지만 10,000원이나 되는 유튜브 프리미엄 서비스를 신청하기는 어쩐지 아깝다.

이런 유튜브 프리미엄 서비스는 누가 가입할까? 주로 아기 엄마들이 신청한다고 한다. 아기가 유튜브를 보다가 광고가 나면 마구 울어버린단다. 무료 콘텐츠가 유료로 전환되는 순간이다. 하여튼 요즘은 콘텐츠 소비의 천국이 되었다. 유튜브, 인스타그램, 틱톡, 넷플릭스 등이 바로 그 주역이다.

유튜브의 동영상 콘텐츠는 과연 몇 개나 될까? 아마도 콘텐츠가 수억 개는 족히 되리라는 짐작이다. 여기에서 소비자는 어떻게 콘텐츠를 선택해야 하는가 하는 어려움이 생긴다. 일반적으로 개인화란 성별, 나이, 취향과 같은 개인의 특성에 집중해 사용자 개개인에게 수용력이 높은 맞춤형 콘텐츠를 제공하는 일련의 과정이다.

그러나 초개인화hyper-personalization는 실제 생활 패턴 및 취향 정보를 바탕으로 적절한 상황과 타이밍에 맞춰 사용자의 소비 경험을 가이드 한다. 이러한 초개인화를 위한 접근법이 추천 시스템이다. 추천 시스템은 아마존의 도서 추천을 위한 협력 필터링collaborative filtering 알고리즘에서 출발한다. 아마존은 추천 시스템을 기반으로 세계 최대의 전자상거래 기업으로 변모했다.

최근 틱톡Tik Tok의 M&A가 화두로 올랐다. 틱톡의 예상되는 인수 가격 규모가 48조 원이라고 한다. 틱톡의 인수 가격이 이렇게 비싼 이유는 틱톡 추천시스템의 AI 알고리즘 때문이다. 사실 틱톡과 같은 앱은 몇 달이면 개발할 수 있다. 그러나 그것은 껍데기일 뿐이다. 이처럼 초개인화를 가능케 하는 AI 기반 추천 시스템은 마케팅의 가장 중요한 핵심역량이다.

소비자를 유혹하는 초개인화 마케팅 기법에는 리타겟팅re-targeting 광고, 개인화 상품 진열, 조건부 연계 추천 알고리즘, 고객별 개인화된 판촉상품, 반응형 표적 오퍼링 등이 있다. 국내에는 마이데이터가 정착될 것이다.

따라서 업체에 자신의 정보를 제공해 맞춤 상품이나 서비스를 추천받을 수 있게 된다. 전문가들은 AI에 기반을 둔 초개인화가 기업의 마케팅 성패를 좌우하리라 전망하고 있다. 이제 기업들은 생존을 위해 초개인화를 위한 노력을 가속화할 것이다.

ISSUE 3 — OTT 대결 2라운드
카카오TV의 참전으로
더욱 치열해진 점유율 대결

《디지털 트렌드 2020》REVIEW

세계적으로 OTT 시장은 지속 성장 중이다. 넷플릭스와 아마존을 보유한 미국이 압도적 점유율을 보이며, 중국이 급격히 성장하고 있다. 시장조사업체별로 성장률 규모는 다소의 차이가 있으나, 추세에 관해 서는 이견이 없는 상황이다. 영국의 미디어 시장조사업체 'Digital TV Consultancy'에 따르면 2024년 중국의 OTT 매출은 270억 달러, 미국과 중국의 전 세계 OTT 점유율은 56%에 달할 것으로 전망했다. 매출 측면에서는 2018년 전 세계 OTT 매출은 680억 달러한화 약 80조 원에 이른다. 2019년엔 850억 달러한화 약 100조 원로 상승하며, 2024년엔 두 배에 달하는 1,590억 달러한화 약 188조 원에 달할 것으로 전망한다. (…) 2017년 9월, 월트디즈니컴퍼니이하 디즈니는 OTT 진출 계획을 처음 발표한다. 그로부터 1년 7개월 후인 2019년 4월, 디즈니는 그들의 본사가 위치한 미국 캘리포니아에서 OTT 시장 진출을 공식화한다. (…) 그들의 OTT 사업자 브랜드는 디즈니플러스다. 넷플릭스보다 낮은 가격을 예고한 디즈니의 발표는 국내외 OTT 시장을 흔들었다. 발표 당시 넷플릭스 HD가격이 12.99달러인 반면, 디즈니플러스의 유사 서비스 가격은 6.99달러였다. '12.99 대 6.99' 프레임이 탄생한 것이다.

《디지털 트렌드 2020》 pp.119~129

최근 들어서 정보나 지식에 비해 콘텐츠의 중요성이 강조되고 있다. 처음에는 MP3 음원 유통이 중심이었고, 다음에는 사진과 같은 이미지가 대상이었다. 최근에는 유튜브 등장에 따라 동영상을 유통하는 OTT가 대세로 주목을 받고 있다.

미국 TV 산업의 첫 번째 물결은 NBC나 ABC 등의 지상파 방송이고, 두 번째 물결은 CNN과 ESPN 같은 케이블 채널이다. 이제 넷플릭스, 애플TV, 스포티파이, 구글 크롬캐스트, 디즈니플러스 등이 주도하는 OTT가 세 번째 물결이라는 것은 의심의 여지가 없다. OTT는 21세기 엔터테인먼트 산업에서 시장의 판도를 크게 바꿔놓을 것이다.

OTT 업체는 기존의 유료 방송 시청자가 가입을 해지하고 인터넷 TV, OTT^over-the-top 등 새로운 플랫폼으로 이동하는 코드커팅cord-cutting 현상을 주도한다. 또한 코로나19로 인해 스트리밍 붐이 오면서 넷플릭스 등은 코로나 사태의 가장 큰 수혜 주식이 되었다. 넷플릭스는 4,200만여 개의 영상물을 확보하였다. 그리고 미국 내 프라임타임 인터넷 트래픽의 3분의 1을 넷플릭스가 사용한다.

이러한 OTT는 킬링타임용, 이동 중 사용 가능, 유료 프로그램의 개별적 시청에 비한 경제적 절약이 가능하고, 시대에 따라 유행하는 콘텐츠를 따라갈 수 있으며 가치 있는 글로벌 콘텐츠 접근이 가능하다는 이점이 있다. 넷플릭스의 경우 유튜브 콘텐츠의 한계를 뛰어넘을 수 있으며, 4K 콘텐츠를 제공하고, 4인 가족이 동시에 시청할 수 있다. 또한 TV, 인터넷, 모바일 기기를 지원하고, 와이파이에서 모바일 기기로 콘텐츠 다운로드를 지원하며 콘텐츠 추천 역시 바람직한 기능이다.

국내에서는 카카오TV가 최근에 주목을 받고 있다. OTT는 기본적으로 자본의 싸움이다. 이러한 관점에서 카카오TV는 어느 정도 성공이 예견된다. 카카오TV는 글로벌 OTT 업체에 비해 TV 및 웹 드라마와 같은 한국형 콘텐츠 등 유튜브와 넷플릭스가 제공 못 하는 영역을 다루고 있다. 카카오

TV는 수익모델을 고민하고 있는데, 진입 초기에는 광고형 OTT 서비스를 하며, 점차 유료 OTT로 전환될 것으로 전망된다. 국내에는 티빙스틱, 와챠 등이 서비스되고 있으며, 애플TV도 국내 진출을 준비하고 있다.

◇◇◇◇◇◇◇◇

ISSUE 4 — 공유경제, 그 다음
"우리는 조금 다른 방식으로 나눕니다"

《디지털 트렌드 2020》REVIEW

《4차 산업혁명 시대의 공유 경제》교보문고, 2018의 저자 아룬 순다라라잔Arun Sundararajan은 공유경제를 대중 자본주의로 표현한다. 그는 공유경제의 특징으로 1) 시장 기반성, 2) 고효율적 자본 이용, 3) 대중에 기반을 둔 네트워크, 4) 사적인 일과 직업적 업무의 경계 모호화, 5) 정규직과 임시직 등 다양한 영역 간의 경계 모호를 꼽는다. (…) 텐센트Tencent의 공동 설립자이자 회장인 마화텅馬化騰의 《공유경제》마화텅 외, 열린책들, 2018에서는 공유경제의 특징을 다음의 세 가지로 규정한다. 1) 공유경제는 유휴 자원을 사회화해 재사용한다.

2) 공유경제는 공유 관계의 범위를 소규모 지인에서 불특정 다수로 확대함으로써 사회 구성원 간 신뢰도를 향상시켰다. 3) 대규모 단일 중심 생산 방식이 탈중심화 및 개성화 주문 제작으로 변해가고 있다. (…) 공유경제의 서비스 유형은 'C2C와 B2C를 거쳐 B2B'로 확장되는 단계에 있다. B2B 공유 경제 모델은 기업 내 유휴 시설, 공간 등을 나눠 쓰는 것이다. 최근 등장한 공유 주방이 B2B 모델이다.

—《디지털 트렌드 2020》 pp.152~155

공유경제는 2019년까지 뜨거운 열풍이 불었던 것이 사실이다. 자동차 좌석 공유를 할 수 있는 우버, 숙박 공유로 유명한 에어비앤비가 그것이다.

그러나 코로나19 팬더믹 이후에는 그러한 열풍이 식었다. 우선 공유를 통한 코로나 감염에 대한 막연한 불안감이다. 에어비앤비는 전 세계적인 여행 제한에 따라 기세가 꺾였다. 우버 역시 타격을 받고 있다. 영국 런던에서 영업권 연장 불허 통보를 받았던 우버는 독일에서도 직접 호출 금지 판결을 받았기 때문이다. 이러한 판결은 사실상 우버의 현 비즈니스 모델을 근본적으로 금지한 것으로 풀이된다.

사무실 공유 서비스인 위워크 역시 비상이다. 위워크는 공유경제를 설명하는 하나의 축이었다. 포브스지 추산 470억 달러의 기업 가치를 인정받는 '유니콘' 기업이기도 했다. 하지만 오늘날 위워크의 기업 가치는 2020년 3월 기준 29억 달러로 뚝 떨어졌다. 2019년 9월 이후로 위워크는 끈 떨어진 연처럼 한없이 추락하고만 있다.

그렇다고 공유경제가 모두 무너지는 것은 아니다. 클로젯셰어는 국내의 패션 공유 플랫폼이다. 안 입는 옷을 다른 사람에게 빌려주고, 또 빌려 입을 수 있는 서비스를 제공한다. 이 회사는 2016년 시작한 스타트업이고 성공적인 공유경제 모델로 평가받고 있다. 클로젯셰어는 지금 패션·유통 업체들이 가장 협업하고 싶어 하는 스타트업으로 손꼽힌다. 패션의 공유의 성공 요소 중의 하나는 청결한 세탁이라고 한다. 따라서 사용자는 코로나 감염에 대한 불안감을 불식시킬 수 있다.

이미 사람들의 정서는 소유에서 사용으로 전환되었기 때문에 향후에도 다양한 공유경제의 성공사례가 등장할 여지가 충분히 있다. 팬데믹 이후 공유경제를 대체하는 비즈니스 모델은 구독경제, 긱경제, 원격교육, 무인점포 등이다. 특히 최근에는 구독경제에 대한 관심의 급증과 성공사례가 다양하게 전해지고 있다. 향후 비즈니스 모델은 언택트 환경하에서 유용성을 고려해야 한다. 14세기에 발생한 유럽 흑사병의 영향은 18세기까지 이어진다. 따라서 현재의 팬데믹 역시 장기적이고 지속적인 관점으로 접근해야 한다.

◇◇◇◇◇◇◇◇

ISSUE 5 — 급물살 탄 핀테크
상장 소식에 시총 46조 2,200억 원 찍은 카카오뱅크

《디지털 트렌드 2020》 REVIEW

2018년을 기점으로 국내에 존재하는 거의 모든 시중 은행은 인공지능과 챗봇을 전면에 내세우기 시작했다. '인공지능과 챗봇을 통한 은행 업무 효율화'를 업계에서는 RPA^{robotic process automation}로 부르는 추세다. 데이터의 추출, 가공, 입력을 자동화함으로써 업무 효율성을 높이는 기술이자 방법론으로, 금융을 중심으로 제조와 유통 산업에 도입되고 있다. 주 52시간 문화 확산도 RPA 확산의 또 다른 이유로 꼽힌다. 그런데 최근에 재미있는 지점이 발견된다. 은행 오프라인의 변화다. 지점 수가 줄었고, 복합 점포가 자리를 잡고 있으며,

인공지능이 도입되고 있다. 은행 지점 수 감소는 미국, 일본 등의 주요 선진국을 중심으로 2010년 이후 시작되었다. 국내의 경우 2015년 이후 지점 수 감소가 발견된다. 이는 LTE 스마트폰 대중화, 핀테크 서비스 증가, 인터넷 전문은행의 등장이 맞물리며 은행 점포 상당수의 운영 효율성이 떨어졌기 때문이다. 4대 시중 은행의 지점 수는 2015년 3,924개에서 2018년 3,563개로 361개 감소한 것으로 확인되었다.

—《디지털 트렌드 2020》pp.208~209

한 대형 시중은행의 경우 비대면^{인터넷뱅킹, ATM, 텔레뱅킹, 스마트뱅킹} 서비스 이용자 고객 수와 영업점 이용 고객 수의 비율이 4 대 1 수준으로 나타났다. 이뿐만이 아니다. 비대면 방식이 추세가 되면서 ATM 이용고객이 줄어드니 ATM마저 없애는 중이다. 은행 고객의 6할이 비대면이다. 은행은 적자점포를 어떡해야 하나? 점포를 통합하고 폐쇄하는 입장이다.

인터넷 뱅크인 카카오뱅크는 상장 소식에 시총 46조 2,200억 원을 찍었다. 전통적인 시중은행은 이러한 상황을 극복하기 위해서 디지털 트랜스포메이션을 추진하고 있다. 그 내용은 고객 가치 제공을 위해 디지털 종합 솔루션을 제공하고, 빅데이터 기반의 신규 서비스를 개발하며, 디지털 고객 경험을 활용할 계획이다. 또한 AI 사업 기회를 발굴하고 디지털 기반의 심사

체계를 구축하며 디지털 전환을 담당할 디지털 센터를 신설하고 있다.

디지털 트랜스포메이션의 선도주자인 스페인 은행 BBVA는 고객을 위한 다양한 디지털 서비스를 제공하고 있다. 국내 시중은행은 디지털 전환의 노력이 가시화된 부문은 고객 상담을 위한 챗봇과 사무 생산성 향상을 위한 RPA에 불과하다. 국내에도 마이데이터 사업이 본격적으로 가동되면 개인 서비스 활성화에 좋은 여건이 형성된다. 국내 은행도 싱가포르의 DBS, 스페인의 BBVA와 같이 고객이 피부로 느끼는 디지털 서비스가 강화되기를 기대한다.

ISSUE 6 ── 안티드론
드론이 일으킨 사우디 테러,
한국도 안전하지 않다

《디지털 트렌드 2020》 REVIEW

안티드론Anti-Drone이란 드론의 부작용 측면테러, 사생활침해 등에 대응하기 위한 드론 방어 시스템을 의미한다. 드론이 창이라면, 안티드론은 드론이 악용될 경우를 대비한 방패인 셈이다. 나쁜 드론의 탐지 및 무력화를 목적으로 한다. (⋯) 현재 우리가 접하는 드론, 그러니까 프로펠러가 윙윙거리며 돌고 원격 조종이 가능한 무인 항공기 형태의 드론은 지금으로부터 약 100년 전으로 거슬러 올라간다. 군사용, 그중에서도 일회용 폭격기 용도로 개발되었다. 목적지까지 날아가서 날개를 떼어내고 몸체에 탑재된 폭탄으로 적군을 타격하는

미국의 디지털 분야 예언가인 토머스 프레이Thomas Frey는 미래의 192
가지의 드론 활용 분야를 제시했다. 대표적인 분야로는 곤충 죽이기 드론,
길거리 인터뷰 드론, 의료 처방전 전달 드론, 드론 레이싱, 개인 운동 트레
이너 드론, 콘소트 스와름야외 공연 시 1,000개의 스피커 드론에서 음의 공간을 형성, 불
꽃놀이 투척 드론, 인공 벌 드론, 새를 쫓는 드론, 수확용 드론필요하면 한 번에
한 알씩 수확, 가정폭력 감시 드론, 더스트링 드론벽면, 선반 등을 청소, 통신 장애
드론대상 지역에 통신 제로 지역 조성, 솔라 파워 고고도 와이파이 드론5년간 체공하
며 인터넷 연결, 관광객 유치 드론 등이다. 그는 드론 응용 분야가 1만 개에 이
를 것으로 전망한다.

아마도 미래에는 드론이 지구상에서 가장 성가신 장치가 될 것이다. 따
라서 적절한 보호 장치가 없다면 드론은 위험할 수 있다. 음식과 물을 배달
하는 똑같은 드론들도 폭탄과 독을 배달할 수 있기 때문이다. 사우디아라
비아의 주요 석유 시설이 드론 공격으로 피해를 보며 국제유가가 흔들리면
서 전 세계적으로 '안티드론' 기술에 대한 관심이 높아지고 있다. 인천국제
공항 상공에 또 불법 드론이 떴다는 신고로 항공기 두 대가 김포국제공항

으로 회항하는 일이 벌어졌다. 이 때문에 45분간 모든 항공기의 이착륙을 중단했다.

전문가는 "제일 무서운 건 드론 신호를 강탈해서 내가 원하는 곳으로 보내 테러를 벌이는 것"이라 한다. 국내에서 개발한 안티드론은 '수십 킬로미터 높이의 드론을 전자교란을 통해 위성항법 체계GNSS, global navigation satellite system 신호를 탈취하거나 위조해 드론을 안전한 장소로 유도하는 기술'이다. 우리는 드론 없는 미래를 상상할 수 없다. 그렇기 때문에 안티드론 기술을 통해 하늘의 교통질서를 바로 잡아야 할 것이다.

◇◇◇◇◇◇◇◇

ISSUE 7 — IT 업계의 스핀오프
삼성전자 45개, 현대차 16개, LG 7개… 사내벤처 현황

《디지털 트렌드 2020》 REVIEW

스핀오프는 회사의 임직원이 회사 안에서 새로운 회사를 만든 후에 최종적으로 독립시키는 제도로 자리 잡고 있다. 예를 들어 TV를 만들던 회사가 인공지능스피커도 만들고 싶어졌다고 가정해보자. 여기 세 가지 방법이 있다. 첫째, 회사 안에서 인공지능스피커를 만든다. 둘째, 회사 밖의 인공지능스피커 회사와 제휴한다. 셋째, 회사 밖의 인공지능스피커 회사를 인수한다. 스핀오프는 이 세 가지 방법의 장점을 취하고, 위험을 최소화하는 것을 지향한다. (…) 우리나라의 경제구조는 대기업 위주다. 지금까지 단 한 번도 변한 적이 없으며,

적어도 2020년에는 그대로 유지될 것이다. 중국, 일본, 미국과의 경제 협력이 틀어지면 우리나라에 위기가 닥칠 수 있듯, 국내 대기업 몇 곳이 흔들리면 나라 경제가 흔들릴 수 있다. 대기업 의존도가 심한 국내에서, 정부는 스핀오프를 통한 창업 생태계 확대에 힘을 싣고 있다. 정부 및 민간 기업의 노력은 '노키아' 그리고 노키아라는 기업을 가진 국가 '핀란드'를 떠올리게 한다.

—《디지털 트렌드 2020》 pp.248~254

십수 년 전 국내 최대 전자 회사에 방문하여 신규 사업에 관한 대화를 나누었다. 그 회사 직원은 사내 신규 사업은 꿈도 못 꾼다고 했다. 사업 아이디어를 말하면 해당 임원은 수년 내에 매출이 수천억 원에 이르기를 기대하기 때문이란다.

우리는 현대자동차를 완성차 회사라고 말한다. 수많은 요소 기술과 부품을 결합하여 완성된 차를 만들어내기 때문이다. 마찬가지로 모든 글로벌 기술회사는 다양한 요소 기술을 접목하여야 미래를 위한 생존이 가능하다. 구글은 지난 2001년 검색엔진 'Deja.com'을 인수한 이후 2014년까지 총 174개 기업을 인수했다. 구글은 알파고를 만든 딥마인드를 2014년에 인수하여 인공지능 분야에서 선도주자가 되었다.

최근 삼성전자 내에서 성장해온 사내 벤처 'C랩 인사이드' 다섯 개 스타트업이 독립에 나선다. 이번에 독립하는 다섯 개 스타트업은 ▲컴퓨터 그래픽^{CG} 영상 콘텐츠를 쉽게 제작할 수 있는 '블록버스터^{Blockbuster}' ▲종이 위 글자를 디지털로 변환·관리해주는 '하일러^{HYLER}' ▲AI 기반 오답 관리와 추천 문제를 제공하는 '학스비^{HAXBY}' ▲인공 햇빛을 생성하는 창문형 조명 '써니 파이브^{SunnyFive}' ▲자외선 노출량 측정이 가능한 초소형 센서 '루트 센서^{RootSensor}'다. 그러나 고작 다섯 개의 스타트업은 삼성전자의 미래를 가능하기에는 턱없이 부족하다.

하지만 코로나19 사태에서 K-방역을 통해 우리나라의 위상을 높여준 것은 정부의 정책에 따라 다양한 스타트업들이 생겨났기 때문이다. 코로나 진단키트를 출시한 기업들 역시 모두 스타트업의 연장선상이다. 앞으로 디지털 시대에는 수많은 요소 기술이 필요하며 이를 위해서는 대부분 M&A를 통해 역량을 확보하지만 대기업의 스핀오프를 통해 사회적 문화를 바꾸어 가는 것이 중요하다. 스타트업을 위해서 이익을 노린 투자가 아니라 진정성을 갖고 선의에 투자하는 그런 사회적 문화가 정착될 때, 우리나라는 진정한 디지털 강대국으로 거듭날 수가 있을 것이다.

◇◇◇◇◇◇◇◇

ISSUE 8 ─ 탈(脫)디지털
"프라이버시 침해? 지금 같은
비상시에는 동선 추적이 우선"

《디지털 트렌드 2020》 REVIEW

디지털 중독에 관한 위기감은 스마트 기기로부터 나를 일정 시간 분리시키는 것을 의미하는 '디지털 디톡스digital detox'로 연결되었다. 스마트폰을 맡기면 숙박료를 할인해주거나, 아예 IT 기기가 없는 일상을 체험하는 캠프가 등장하는 등 디지털 디톡스 연계 상품이 출시되는 진풍경을 낳기도 했다. (…) 24시간 인터넷에 연결 가능한 'always-on'은 이미 낡은 용어가 되었고, 이제 초고속, 초연결, 초지능이라는 말이 어색하지 않다. 초연결을 뜻하는 하이퍼 커넥션hyper connection은 달리 해석하면 과잉연결로도 볼 수 있다. 정보

information와 전염epidemics의 합성어로 가짜 뉴스 등이 걷잡을 수 없이 퍼져나가는 현상을 뜻하는 인포데믹스InfoDemics의 가속화 역시 디지털 디톡스의 필요성을 강화한다. (…) 기업의 디지털 서비스 역시 이에 부합되는 것이어야 한다. 알고 있다. 모든 제품과 서비스에 디지털 디톡스 정신이 투영되는 것은 현실적이지 않다. 대신 이용자의 선택권을 넓혀주는 것이다. 이는 가능하다. 최첨단 디바이스, 미디어라는 선택지 옆에 그보다는 작은, 때로는 상대적으로 초라하게 보일지라도, 디지털 디톡스 상품, 서비스를 옵션으로 제공하는 것이다. 이른바 '4G 피처폰feature phone, 통화나 문자메시지 등 본연의 기능에 초점을 맞춘 휴대폰'이 등장하는 것도 비슷한 맥락이다.

—《디지털 트렌드 2020》 pp.270~274

디지털 중독에 대한 사회적 문제는 이제 심각한 수준이다. 스마트폰을 보면서 횡단보도를 건너거나, 버스에 승차하는 그런 사람들을 흔히 보게 된다. 이러한 사회적 분위기에서 디지털 디톡스의 필요성이 더욱 강조된다.

그러나 코로나로 인해 디지털에 대한 의존은 더욱 강화되었다. 구글과 애플이 공동개발한 코로나19 추적 앱이 있다. 추적 앱은 사전 동의 방식으로 운용되며 사용자가 해당 앱을 설치하면 스마트폰이 단거리 블루투스 신호를 통해서 가까운 거리. 내가 스쳐 나가는 사람들의 스마트폰 기록을 다 기록하게 된다. 그래서 이 중에서 확진이 되었다고 판정 되면 '당신은 확진자와 스쳐 지나간 적이 있습니다'라고 알려주는 것이다. 최근에 식당 등 고위험 시설을 대상으로 전자출입 명부KI-Pass를 의무 시행한다.

사람들은 이러한 정부의 정책을 우려한다. 사회주의 국가에서 교통카드를 도입하는 것을 보면 알 수 있다. 그들이 교통카드 시스템을 운영하려는 목적은 반정부 인사들의 움직임을 감시하는 것이라는 의견이 지배적이다. 정부가 선의의 통제 목적으로 디지털 데이터를 수집한다면 당연히 효과가 있을 것이다. 그러나 이에 맛을 들여서 악의로 국민을 통제하게 될 가능성을 전문가들은 염려한다. 이것이 바로 디지털 빅 브라더가 되는 것이다.

중국의 AI 기술은 14억 명의 개인에 대해 안면인식이 가능하다고 한다. 이러한 정보를 국민 통제에 활용한다면 정말 상상만 해도 소름이 끼치는 일이다. 따라서 디지털 기술의 적용은 사회적인 합의 도출이 필요한 것이다.

◇◇◇◇◇◇◇

ISSUE 9 — 사회적 합의
팬데믹이라는 위기 앞에서
우리가 선택한 길은 디지털화

《디지털 트렌드 2020》REVIEW

디지털 트랜스포메이션DT, digital transformation이란 용어가 있다. 전통 기업이 디지털 기업으로 전환되는 과정을 뜻하는 이 용어는 이용자의 공감이나 관심을 받을 수 없다. 이유는 명확하다. 일상과 동떨어져 있으니까. (…) 모든 디지털 비즈니스에서의 큰 그림은 그 자체로 유의미하나, 실제 가치를 지니려면 디테일과 연동되어야 한다. 디지털 트랜스포메이션의 디테일은 무엇인가. (…) 디지털이 변화시킬 모든 유무형의 서비스는 결국 적정 합의 수준을 찾아가는 과정이다. 이는 기술의 채택, 옵션의 제공 수준, 세밀하게는 서비스의 제공

시간과 이용 가능 연령대에 대한 충돌까지 계속될 것이다. 2020년은 적정기술과 디지털 전환에 관한 적정 합의 수준을 찾아가는 분기점이 될 것이다.

—《디지털 트렌드 2020》 pp.281~284

디지털 트랜스포메이션은 미국과 유럽에서 중요한 화두로 자리를 잡고 있다. 글로벌 기업의 대부분이 디지털 전환을 추구한다고 보면 맞다. 그러나 우리나라에서는 4차 산업혁명의 기세에 눌려서 이렇다 할 만한 추진 성과가 보이지 않았다. 하지만 2020년에 와서는 모든 상황이 바뀌었다. 언택트 환경이 급박하게 조성되고 있기 때문이다. 전문가들에 의하면 코로나 19 팬데믹은 2~3년이나 소요될 디지털 트랜스포메이션 트렌드를 4개월로 단축했다고 한다.

2019년까지만 해도 디지털 전환은 은행들이 디지털 전략을 수립하는 정도였다. 그러나 올해부터는 SK, 롯데, 두산 등 그룹사들이 발 벗고 나서는 입장이다. 또한 지방자치단체, 에너지, 공공 분야의 기관들도 디지털 전환에 착수하였다.

이러한 트렌드의 변화는 코로나19와 무관하지 않다. 2021년에는 무수히 많은 기업과 기관들이 디지털 전환에 동참할 것이다. 이를 위해서는 제대로 된 지침서, 교육, 컨설팅 등을 통한 준비된 모험이 요구된다.

ISSUE 10 ─ 디지털 멘토링
비대면 사회에서 'IT 이해력'은
선택이 아니라 필수

《디지털 트렌드 2020》 REVIEW

디지털 멘토링은 '내게 맞는 디지털'을 찾는 과정이다. 또한 구성원 간 커뮤니케이션 활성화 및 디지털 격차를 해소하는 과정에 도움이 된다. 디지털 멘토링이 완전히 새로운 것은 아니다. 늘 우리가 해오던 것의 연장선상에 있다. 부모님께 큼직한 화면과 글자가 박힌 효도폰을 선물했던 일, 스마트폰 메신저로 메시지 보내는 법 알려드린 일 등이 모두 디지털 멘토링이다. 대기업뿐만 아니라 중소기업에서도 적극 검토가 필요하다. 디지털 멘토링은 기업 내 일원화된 디지털 메시지를 구축할 수 있다. (…) "디지털은 기업의 미래고, 나라의 미래다." 40대 대표, 60대 고위 정무직 등의 직함을 가진 사람이 20대 대리에게 배우는 것 또한 무엇이 문제겠는가. 고정관념과 편견을 극복해야 한다.

—《디지털 트렌드 2020》pp.300~303

이제 50~60대 연령층도 넷플릭스를 시청하고, 온라인 쇼핑몰을 사용하며, 온라인으로 음식을 주문하는 현상이 벌어졌다. 젊은 자녀들은 부모에게 카카오 택시를 부르는 방법을 가르쳐준다.

조직에서는 어떠한가? 이제 공공기관에서는 데이터 분석에 기반을 둔 보고서를 작성하라고 한다. 과거에는 의사결정을 경영층의 판단에 의존했지만, 이것이 많은 오류를 범했기 때문에 데이터 분석의 결과에 따른 의사결정을 하는 것이다. 젊은 계층을 이를 위해 파워 BI 같은 시각화 도구를 사용한다. 조직에서는 신입사원 채용 시 데이터 리터러시^{디지털 시대에 필수적}으로 요구되는 정보 이해 및 표현 능력. 디지털 기기를 활용하여 원하는 작업을 실행하고 필요한 정보를 얻을 수 있는 지식과 능력를 갖추기를 당연시한다.

과거에는 지역갈등, 남녀갈등이 문제였지만 요즘의 조직에서는 세대갈등이 이슈다. 이러한 갈등의 한 요소가 세대 간의 디지털 격차다. 최근 국민은행 신입사원 채용공고가 이슈로 떠올랐다. 지원서 접수 시에 디지털

역량을 파악하기 위한 사전과제^{디지털 분야에서 본인이 자신 있는 순으로 한 가지 이상}

을 선택하고 해당 분야를 학습했거나 프로젝트를 진행했던 경험을 구체적으로 서술하십시오. —

디지털 트랜스포메이션, Cloud, 디지털 마케팅, 오픈뱅킹, P2P, 기타 디지털 분야를 부여했고,

작성 분량이 3~5페이지에 달한다. 지원서 접수 후에는 온라인 디지털 교

육과정TOPCIT을 의무적으로 이수하여야 한다.

요즘처럼 취업난에 시달리는 시기에 취업준비생에게는 이러한 요구가
또 하나의 '갑질'로 여겨질지 모른다. 하지만, 이것은 메가트렌드일 뿐이다.
슈퍼 쓰나미가 몰려오는데, 이에 대항하면 생명을 잃을 뿐이다. 코로나19
와 팬데믹은 모든 것을 바꾸어 놓았다. 젊은 사람은 입사 시험에 파이썬 문
제가 출제되었다고 더 이상 불평할 수 없다. 50~60대 연령층도 길거리에
서 택시를 잡기 위해 수십 분 기다렸다고 분통을 터트릴 필요가 없다. 우리
는 디지털을 배워야 하는 세상에 살고 있다.

2부

디지털
트렌드
2021 전망

◇◇◇◇◇◇◇◇

2021년을 내다보며
코로나19,
디지토피아를 열다

제2차 세계대전만큼 현대사를 뒤흔든 사건

코로나19는 현대사에서 제2차 세계대전에 버금가는 사건이다. 코로나 감염병이 가져온 팬데믹은 단순히 의료분야의 이슈로 끝나는 것이 아니고, 사회, 경제, 정치, 기술, 문화 등에 충격을 주었다. 국가 간의 이동이 금지되고, 무역이 위축되며, 직장인은 원격근무를 한다. 교육 현장에서는 비대면 원격교육이 강조되며, 종교활동과 문화 이벤트도 위축되고 있다. 정부는 저소득층의 생계를 위해 생활비를 지급하고, 모든 사람은 길거리에서 마스크를 착용해야 한다.

중세의 흑사병이 교회 권위의 몰락, 장원체제의 붕괴, 부르주아 등장,

르네상스 태동, 신대륙 발견과 산업혁명을 가져왔다. 이와 같이 포스트 코로나의 트렌드는 모든 분야에 대한 대대적인 변혁을 예고하고 있다. 포스트 코로나 시대에는 언택트, 디지털 이벤트, 원격화상교육, 로봇의 일반화, 원격근무, 긱경제, 원격의료, 온라인 쇼핑, 가상 경험 경제, 증강현실 상거래A-commerce 등이 펼쳐질 전망이다. 포스트 코로나 시대를 큰 줄기로 예측한다면 경제주체의 행태 변화, 탈세계화, 디지털 경제 가속화, 저탄소 경제 이행으로 꼽을 수 있다.

2019년 12월 중국 후베이성 우한에서 코로나19가 발생했다. 우한 지역의 감염자가 급증하자 중국 정부는 우한을 봉쇄하였다. 그러나 이미 코로나 바이러스는 전 세계로 퍼져나갔다. 2020년 3월 11일 세계보건기구 WHO는 팬데믹pandemic을 선언했다. 각국 정부는 코로나19에 대한 대책을 쏟아내기 시작했다. 독일의 메르켈 총리는 "많은 사람이 코로나19에 걸릴 것입니다. 전문가들은 현 상태가 지속한다면 국민 60~70퍼센트까지 감염될 수 있다고 보고 있습니다. 백신도 치료제도 없는 현 상황에서 정부가 모든 해결책을 제공할 수는 없습니다"라고 대국민 메시지를 발표했다.

코로나19의 위협은 단지 시민들의 질병 감염과 죽음에 국한되지 않는다. 모든 사람들에게 집회와 이동을 금지하는 조치가 각국에서 이루어지고, 이에 따라, 경제활동이 마비되는 현상을 초래하고 있다. 미국 트럼프 대통령은 미국 경제의 슈퍼 부양책으로 2조 달러약 2,500조 원의 재원을 쏟아

붓겠다고 한다. 한편 2020년 도쿄 올림픽은 개최를 한 해 연기하기로 하였다. 우리나라의 수출 및 내수 경제 역시 치명타를 입고 있으며, 정부는 100조 원 규모의 기업 구호 긴급자금 투입을 계획하고 있다. 한마디로 온 세상이 난장판이 된 것이다. 각국은 코로나 바이러스에 대항하기 위해 치료제 및 백신을 개발하고 있다.

"적어도 2023년까지는 현재 상태가 지속될 것"

코로나19는 우리 사회에 많은 변화를 가져왔다. 우선 모든 사람은 마스크를 착용해야 한다. 영화관은 폐쇄 지경에 가까워졌고, 해외여행이 금지되며, 이에 따라 항공업체와 여행업체는 파산에 이를 지경이다. 전문가 의견에 따르면 2023년에나 해외여행이 자유로워질 가능성이 있다고 한다. 제일 큰 변화는 언택트Untact 확산이다. 학교 수업은 이러닝으로 대체되고, 정부기관은 방문을 줄이기 위해 홈페이지를 통해 서류를 제출하고 심사한다. 심지어 기업체의 취업 면접도 화상회의를 이용한다. 장학퀴즈 프로그램인 KBS의 〈도전! 골든벨〉 역시 화상시스템을 통해 진행이 된다. 기업체는 자택근무를 실험적으로 적용하고 있다. 따라서 원격 화상 수업을 위해 주로 사용되는 줌 소프트웨어는 최고의 전성기를 누리고 있다.

14세기 중세 유럽에서는 흑사병을 거친 후에 몇 가지 변화가 있었다. 교회 권위의 몰락, 장원 체제의 붕괴, 도시 진출 농노의 부르주아 현상, 인간 본질 중요성에 따른 르네상스 태동이다. 이는 결국 16세기 신대륙의 발견과 18세기의 산업혁명을 촉발하게 된다. 우리는 이 시점에서 코로나19가 인류에게 어떤 시사점을 주고 있는지를 생각해야 한다. 흑사병에 버금가는 코로나19 역시 14세기와 같은 사회적 변혁을 가져오리라 예견이 된다. 전문가에 따르면 코로나19에 따른 3가지 전쟁이 있다고 한다. 백신 개발, 경제 회복, 미래 준비이다. 우리가 디지털 트렌드 관점에서 논해야 하는 것은 바로 미래 준비이다. 포스트 코로나 시대의 전반적인 특징은 다음과 같다.

· 사회 — 더 많은 비접촉 인터페이스 및 상호작용

· 문화 — 더 많은 디지털 이벤트, e스포츠의 상승

· 교육 — 원격 화상 교육 정착

· 산업 — 로봇에 대한 의존도 증가

· 직업 — 원격근무, 긱경제 활성화

· 의료 — AI가 가능한 의약품 개발, 원격의료 보편화

· 생활 — 더 많은 온라인 쇼핑, 가상 경험경제, 쇼핑 스트리밍, 가상의 동반자, 증강현실 상거래

- 공공 — 강화된 디지털 인프라, IoT 및 빅데이터를 이용한 모니터링 개선

한국은행은 〈코로나19 이후 경제구조 변화와 우리 경제의 영향〉이라는 분석 보고서를 발표했다. 이 보고서에는 코로나19 이후에 예상되는 주요 환경 변화에서 ① 경제주체의 행태 변화, ② 탈세계화deglobalization, ③ 디지털경제 가속화, ④ 저탄소 경제 이행의 필요성 증대를 꼽았다. 이에 따르면 비대면 서비스에 익숙하지 않던 개인도 불가피하게 디지털 경제에 적응해 나가야 하기 때문에 혁신 저항innovation resistance이 약화될 것으로 예측했다. 기업은 소재, 부품, 장비 확보의 어려움 및 시장 여건 악화 등의 불확실성에 대비한 복원력과 유연성just—in—case에 가치를 부여하게 된다. 정부는 사회안전망 강화를 시도할 것이다.

우리나라 정부는 코로나19로 인한 경제 위기를 극복하고, 경제 및 사회 구조 변화를 위한 대책으로 디지털 경제 전환을 목표로 하는 '한국판 뉴딜'을 추진하기로 했다. 이는 경제 혁신과 지속 가능한 일자리 창출이 목표다.부록 참고

1. 디지털 인프라 구축	데이터 수집·활용 기반 구축	— 데이터 '수집—개방—결합—거래—활용' 전주기에 대한 인프라 강화 — 국민체감 핵심 6대 분야(금융, 의료, 교통, 공공, 산업, 소상공인) 데이터 수집·활용 확대
	5G 등 네트워크 고도화	— 민간 5G 전국망 조기 구축 및 공공 와이파이 등 공공 정보통신망 확충 — 도시 및 산업현장 등에 5G+ 융복합 사업 촉진(실감 콘텐츠, 스마트시티)
	AI 인프라 확충 및 융합 확산	— AI 데이터·인프라 확충(학습용 빅데이터 구축 및 전문 인력 양성) — 전 산업으로 AI 융합 확산(지능형 생산공정 도입 및 AI 서비스 확산)
2. 비대면 산업 육성		— 비대면 서비스 확산 기반 조성(AI 기반 원격교육지원 플랫폼 구축) — 클라우드 및 사이버 안전망 강화(블록체인을 활용한 비대면 서비스 보안 시범사업 추진)
3. SOC 디지털화		— 노후 국가기반 시설 디지털화(도로 및 철도 등 노후 시설물 스마트 관리체계 도입) — 디지털 물류서비스 체계 구축(첨단 물류시설 확충, 로봇 및 IoT 기술 적용)

자료: 한국판 뉴딜 추진 방향

코로나19가 가져올 경제적 변화

2020년 2월 시장조사기관 IDC 중국은 〈중국 경제 및 ICT 시장에 코로나 19의 영향Impact of COVID-19 on China's Economy and ICT Market〉이라는 보고서를 발표했다. 이는 '코로나19가 가져올 중국 거시경제 5대 변화'를 제시했다.

· 첫째, 정부 관리 시스템의 기능화 및 현대화 — 코로나 발생 이후 중국

에서는 정보 은폐, 정부기관의 미진한 대응, 스마트화 부족 등 각종 문제가 나타났다. 이러한 문제를 해결하기 위해서 디지털 플랫폼을 만들고 빅데이터 및 인공지능을 활용함으로써, 정부 관리 시스템을 보다 정확하고 스마트하게 업그레이드하는 계기가 될 것이라고 분석했다.

· 둘째, 도시 클러스터와 중심도시의 분산 — 이번 코로나 바이러스 감염증이 일시에 폭증하게 된 것은 중국의 '대도시병大城市病'과 관련이 있다고 했다. 인구가 밀집한 지역이라 확진자 격리가 어렵고 관리 역시 지체되는 등의 문제에 직면했기 때문이다. 따라서 이후 도시 클러스터와 중심 도시를 분산시키는 작업이 대세로 떠오를 것이라고 예측했다.

· 셋째, 디지털 헬스케어 시스템 발전 — 중국 사회의 소득 증가 추세와 코로나19 사태가 맞물리면서 디지털 헬스 시스템은 발전을 가속화하는 촉매제가 될 것으로 전망한다. 이는 스마트폰 및 스마트 와치를 활용한 개인형 맞춤 건강관리와 원격진료 등을 포함한다.

· 넷째, 비대면 비즈니스 및 서비스 활성화 — 바이러스는 공기 중 전파가 주요 감염 경로이다. 따라서 비대면 비즈니스와 관련된 온라인 교육, 클라우드 업무 시스템, 무인 유통, 신선식품 전자상거래, 재택

근무 등이 활성화될 것이다.

· 다섯째, 중국+1 글로벌 공급망 전략 가속화 ─ 현재, 중국을 중심으로 하는 제조업 기반의 백업체계가 요구된다. 따라서 베트남 등 동남아로 제조업 기반이 확산되는 것을 의미한다.

IDC의 거시경제 변화에 대한 분석은 다만 중국에만 해당되는 것은 아니다. 이는 우리나라와 전 세계에 걸쳐 동일하게 영향을 주는 관점일 것이다. IDC는 코로나에 의한 팬데믹이 대규모의 비즈니스 기회를 창출할 것이라고 했다. IDC가 제시한 10대 비즈니스 기회는 다음과 같다.

· 디지털 플랫폼 및 빅데이터 ─ 정부는 코로나 바이러스의 감염경로 추적, 대규모 집회 차단, 재난지원금 제공 등을 위한 정부 관리 시스템을 효율적으로 운영하기 위해서 빅데이터를 활용하고, 디지털 플랫폼을 구축해야 한다. 따라서 21세기에는 '디지털 빅 브라더'의 탄생에 대한 우려도 제기되고 있다.

· 새로운 개념의 스마트시티 ─ 기존의 스마트시티는 교통난 해소, 재난 방지, 치안, 환경 등을 위한 모델이었다면, 향후 스마트시티의 모델은 인구 밀집을 방지하고 중심도시를 분산하며, 대규모 감염병을 차단하기 위해 확진자 동선 및 대규모 발병지역 등의 실시간 분석

등의 개념이 적용될 것이다.

· 온라인 헬스케어 서비스 — 우리나라는 원격의료에 대한 제도적 장치가 없다. 따라서, 향후에는 온라인 헬스케어가 적용되고, 맞춤형 의료 서비스가 강화될 것이다.

· 온라인 교실 및 교육 — 학교는 많은 학생들이 모여서 수업을 받는 곳이다. 따라서 이러한 교육 시스템은 감염병 확산의 우려가 제기되고 있다. 그러므로 이러닝과 화상회의 시스템을 활용한 온라인 교실 및 원격교육이 확산될 것이다.

· 원격 사무실 및 온라인 활동 — 코로나 바이러스 감염 확산으로 우리의 일하는 방식이 바뀌어야만 한다. 그 대표적인 사례가 언택트를 위한 원격 사무실 또는 재택근무이다. 또한, 종교활동과 같은 많은 일상 활동과 이벤트가 온라인으로 전환될 필요성이 있다.

· 5G 산업적용 — 향후 언택트로 인해 온라인을 통한 정보 유통량이 급격히 증가할 것이다. 그리고 미래의 화상회의는 홀로그램 방식을 채택할 것이다. 따라서 통신량의 증가에 따라 5G의 사회적 역할은 그 비중이 점점 증가될 것이다.

· 무인 거래 및 서비스 — 언택트 확산에 따라 온라인 상품 거래가 증가하고, 점원이 없는 무인점포가 확산될 것이다. 국내의 경우 코로나 바이러스 감염이 콜센터를 통해 확산된 바 있다. 따라서 콜센터 역시

음성 챗봇으로 전환이 되고, 클라우드 콜센터 개념의 등장으로 재택 콜센터가 활성화될 것이다.

· 신선식품 전자상거래 — 최근에 식품회사의 슬로건이 건강식품에서 신선식품으로 전환되었다. 국내에서도 신선식품을 온라인으로 거래하는 마켓컬리가 소비자로부터 많은 호응을 받고 있다.

· 공급망관리 — 현재 국내 기업들은 일본으로부터 소재, 부품, 장비를 공급받으며, 중국에서 조립 및 가공을 하여, 이를 미국 및 유럽 등에 판매를 하는 공급망을 유지하고 있다. 그러나 일본의 수출 규제 및 중국의 생산기지에 대한 안정성 문제 제기에 따라, 이러한 공급망의 틀을 근본적으로 수정해야 하는 시점이다. 따라서 소재, 부품, 장비의 공급선 다양화 및 조립 및 가공의 생산기지를 중국으로부터 동남아로 분산을 시킬 전망이다.

· 제조 및 서비스 로봇 — 제조 및 서비스에 종사하는 노동력을 로봇으로 대체하는 추세가 증가될 것이다. 특히 제조는 감염 우려, 자가격리 등으로 인한 생산 차질을 겪으면서 노동 의존도 축소 및 자동화 투자 확대 요인이 증가된다. 따라서 스마트팩토리가 확산되면서 로봇 대체 현상이 가속화될 것이다. 식당 등 서비스 업종에서 언택트 개념의 일환으로 서비스 로봇이 증가될 것이다.

언택트란 다시 말해 '디지털 컨택트'

노멀normal은 표준을 의미한다. 뉴노멀은new normal은 새로운 시대의 표준을 말한다. 뉴노멀은 2008년 모하마드 엘 에리언Mohamed A. El-Erian의 저서《새로운 부의 탄생》에서 저성장, 규제 강화, 소비 위축, 미국 시장의 영향력 감소 등을 위기 이후의 뉴노멀 현상으로 지목하면서 알려졌다.

코로나19 이후에 회자 되는 것이 바로 뉴노멀이다. 마스크를 착용하거나, 손을 비누로 30초씩 씻기, 생활 속 거리 두기를 하는 것 등이다. 시중에는 뉴노멀에 관련된 도서도 다수 등장했다. 이들이 보는 관점은 저마다 상이하다. 그러나 그들이 강조하는 공통점은 '우리가 알던 세상은 끝났다'라는 것이다. 전문가들은 향후의 전개방향을 '코로나19 → 불경기recession → 대불경기great recession → 뉴노멀 → 포스트 코로나post COVID 19'와 같이 제시하고 있다.

요즘 뉴노멀의 대표적인 화두는 언택트다. 언택트는 바꿔말하면 디지털 컨택트digital contact다. 이에 따라 원격교육, 재택근무, 원격진료, 인터넷 쇼핑 등이 활성화되고 있다. 요즘 공유경제 모델인 에어비앤비, 우버의 인기가 시들해지고 있는 것도 코로나 감염의 위험성 때문이다. 따라서 공유경제를 대체하는 경험경제가 대두되고 있다. 또한 언택트를 위해 챗봇, OTT 등이 확산되리라 본다. 뉴노멀 시대에 떠오르는 키워드는 'H.O.M.E'

이다. 이는 헬스케어healthcare, 온라인online, 무인화manless, 홈이코노미 economy at home를 의미한다. 뉴노멀 시대 모든 산업과 비즈니스의 핵심은 디지털로 모이고 있는 것이다.

◇◇◇◇◇◇◇◇

TREND 1
수출 주도 성장을 이끈
대한민국 산업이 나아가야 할 길

한국 기업의 디지털 전환, 현 주소는?

아날로그 기업과 조직이 디지털 전환을 시도하는 것을 디지털 트랜스포메이션이라고 한다. 미국 및 유럽에서 디지털 트랜스포메이션의 바람이 거세게 불고 있다. 그러나 한국에서는 디지털 트랜스포메이션의 열기는 잠잠했다. 그 이유는 정부에서 던진 화두인 '4차 산업혁명'에 묻혀버렸기 때문이다. 이는 전 세계적으로 한국에서만 사용하는 개념이다. 4차 산업혁명이라는 화두는 디지털 트랜스포메이션의 본질을 흐리게 했다. 디지털 기술의 무분별한 도입을 조장하였다.

다행이도 기업 신년사에서 다수의 그룹들이 디지털 트랜스포메이션을 거론하였다. 실제로 국내 디지털 트랜스포메이션의 추진하는 상황을 보면 너무도 조용히 진행되고 있다. 금융권들은 대부분 디지털 전략을 수립하였으며, 실행에 옮기고 있다. 몇몇 그룹 역시 디지털 트랜스포메이션을 추진하고 있다. 그러나 이러한 행보가 떠들썩하지는 않다. 그러한 이유는 디지털 트랜스포메이션이 한 번에 성과를 이루는 것이 아니기 때문이다.

롯데칠성음료의 경우 '안성 스마트 팩토리'를 구축했다. 이는 생산부터 유통, 재고관리 등 전 과정에 디지털 기술을 활용한 공장이다. 두산인프라코어는 무인 건설현장 종합관제 솔루션인 '콘셉트 엑스$^{Concept-X}$'를 도입했다. 이는 드론을 통한 3D^{3차원} 스캐닝으로 작업장 지형을 측량하고, 측량한 지형 데이터를 자동으로 분석해 작업계획을 수립한 뒤 무인 굴착기와 휠로더 등으로 작업하는 기술이다. 아모레퍼시픽은 디지털 트랜스포메이션 사업의 일환으로 모바일 피부 진단 서비스인 '스킨 파인더'를 아모레퍼시픽몰에 도입했다.

이런 작업은 모두 디지털 트랜스포메이션의 일부로 디지털 기술과 디지털 혁신이 만나는 것이다. 여기서 분명히 할 것은 디지털 기술보다 혁신이 중요하다는 것이다. 그러나 국내 상황은 혁신 없이 디지털 기술 도입에만 몰두하는 경향이 있다. 또한 디지털 트랜스포메이션은 데이터 분석이 기반이 되어야 한다. 그러나 국내의 빅데이터 및 AI에 대한 수준은 아직 요원하다.

제조업의 디지털 트랜스포메이션은 'Industry 4.0'이라고 한다. 이는 독일 및 일본 등의 국가에서 적극적으로 추진하고 있다. 그러기 위해서는 자체 브랜드를 보유한 강소기업이 있어야 하는데, 국내 중소기업은 대부분 대기업 하청업체 수준에 불과하다. 또한, 제조업에서 상품 수명주기 관리 PLM, product life cycle management 시스템을 갖추는 것이 선결조건인데 국내 중소기업에서는 요원한 현실이다. 향후 국가경쟁력은 디지털 트랜스포메이션이 좌우한다는 점을 고려한다면 정부기관과 산업체는 디지털 트랜스포메이션에 더욱 박차를 가해야 한다.

스타벅스의 주가가 20배 이상 오른 이유

그러나 여전히 디지털 트랜스포메이션의 필요성을 절감하지 못하는 이가 있다면 구체적인 증거를 들어보겠다. 바로 디지털 트렌스포메이션으로 기업 주가가 대폭 상승한 사례다. 약 10여 년 전, 세계적 기업인 스타벅스는 경영위기에 처했다. 스타벅스의 CEO 하워드 슐츠Howard Schultz는 1987년부터 2000년까지 회사를 도약시키고 일선에서 물러났다. 그러나 이후 스타벅스는 확장 일변도 전략에 의해 매출은 급증했으나 '고급 커피 문

〈도표〉 스타벅스 나스닥 주가 동향

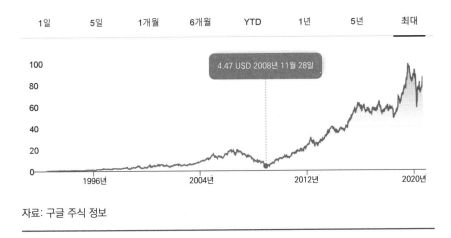

자료: 구글 주식 정보

화공간'이라는 이미지가 사라졌고 타 브랜드와의 차별화도 실패했다. 주가는 40% 이상 폭락해 주당 4.46달러를 기록했다. 결국 슐츠는 2008년 복귀했고 디지털 트랜스포메이션을 추진했다.

　스타벅스는 아날로그 마케팅의 4P를 디지털 트랜스포메이션의 4C로 전환했다. 기업 시각의 제품product이 고객 시각에서 고객이 가지는 가치 또는 혜택customer value or benefit으로 바뀌었고, 기업이 제시하는 가격price은 고객 측면에서 비용cost으로 전환되었다. 판매처place는 얼마나 쉽게 접근할 수 있는지의 관점에서 편의convenience의 측면으로 전환되었고, 판매 촉진 활동promotion은 고객과의 소통communication으로 변화되었다. 이러한

4C를 현실에서 보여준 것이 고객경험을 바탕으로 한 '스타벅스 디지털 플라이휠digital flywheel'이다.

· 개인화 — 나만의 메뉴와 옵션을 등록하고 이를 선택해서 주문한다. 또한, 히스토리를 통해서 메뉴 주문의 경우 결제 완료 · 준비 완료 · 결제 취소의 상황을 조회할 수 있고, 홀 케이크 선물 · 예약의 경우 예약 완료 · 선물 완료 · 수령 완료 · 결제취소의 상황을 확인할 수 있다.

· 주문 — 매장을 방문하지 않아도 스마트폰으로 주문 및 결제를 할 수 있는 '사이렌 오더' 서비스를 제공한다. 사이렌 오더는 한국에서 최초로 적용되어 미국으로 역수출된 서비스이다. 이는 GPS를 이용해 방문하려는 매장 반경 500m 내에서 음료를 주문하고 결제까지 가능한 서비스다. 이는 스마트폰에서 스타벅스 앱을 통해 음료 · 푸드 · 원두 등을 선택하고, 메뉴를 고른 후 사이즈 · 컵 선택 · 퍼스널 옵션 · 주문 할 매장을 결정하고 주문하기를 선택하면 된다. 사이렌 오더는 장차 매장의 캐셔cashier를 줄여줄 것으로 전망된다.

· 결제 — 사전에 구매된 스타벅스 기프트 카드 또는 리워드를 통해서 지불이 된다.

· 리워드 — 주문할 때마다 포인트인 별이 쌓이며, 30개의 별이 모이

면 골드 레벨이 된다. 1년 동안 30개의 별이 더 모이면 골드 레벨이 1년 연장이 된다. 스타벅스는 웰컴 · 그린 · 골드 레벨로 고객 충성도를 차등화하며, 다양한 리워드 프로그램을 제공한다.

스타벅스의 디지털 트랜스포메이션 전략은 성공적이었다. 그들의 주가가 주당 94.69달러까지 상승한 것이다.

기술 도입보다 중요한 것은 업의 개념을 세우는 것

디지털 전환과 디지털 트랜스포메이션은 동일어다. 디지털 트랜스포메이션은 '고객경험을 바탕으로 비즈니스 모델을 재편하며, 가치사슬value chain, value stream의 혁신을 위해 데이터 분석과 디지털 기술을 활용하는 전략'이다. 여기서 중요한 것은 디지털 기술이 아니라 혁신innovation 즉, 트랜스포메이션이다. 최근 조직에 디지털 기술 몇 개를 도입하고, 디지털 트랜스포메이션을 외쳐대는 기업도 있다. 실제 세계적으로 디지털 트랜스포메이션을 구현한 기업은 몇 개 회사에 불과하다.

디지털 트랜스포메이션을 통해 오프라인에서 온라인으로 전환을 성공한 기업은 패션회사인 ZARA, 스페인 은행인 BBVA, 스타벅스, GE 프레딕스와 디지털 트윈, 유통업체인 아마존 등이 대표적이다. 또한, 산업의 디지털 트랜스포메이션 사례는 전력산업의 전력 소매 마켓플레이스가 대표적이다. 디지털 트랜스포메이션은 고객 응축으로부터 시작한다. 응축이란 고객의 누적된 불만 또는 고통을 의미한다.

스타벅스 고객은 출근길 또는 점심 식사 후에 매장에서 주문을 하기 위해서 10분 이상을 기다리는 고통을 감수해야 한다. 이러한 고객 고통을 해결하고자 하는 것이 바로 고객 본질이다. 따라서 업業의 개념을 재설계하는 것이 필요하다. 이것을 통해 기업은 고객 가치를 제공할 수 있다. 스타벅스의 비즈니스 모델은 ① 고객이 사이렌 오더를 통해 미리 주문을 하고, 매장에서 바로 음료를 받게 했다. ② 고객 비용을 만족시키기 위해 다양한 리워드를 제공한다. ③ 고객 편의를 위해 개인화를 통해 고객 맞춤 서비스를 제공한다. ④ 고객 소통은 SNS 등의 데이터를 분석해서 고객 서비스를 강화하며, ⑤ '마이 스타벅스 아이디어'를 통해 제품 · 경험 · 참여에 관련된 아이디어를 공유한다.

기업은 '고객 응축→고객 가치→고객 비용→고객 편의→고객 소통→고객 참여'의 전체 생명 주기life cycle의 비즈니스 모델을 재설계하고 이를 플랫폼으로 구축하는 것이 바로 디지털 트랜스포메이션이다. 중요한 것은 비즈니스를 재해석하고, 업의 개념을 재정의하는 것이다.

트랜스포메이션은 비즈니스 트랜스포메이션, e-트랜스포메이션, 디지

〈도표〉 디지털 트랜스포메이션 추진 절차

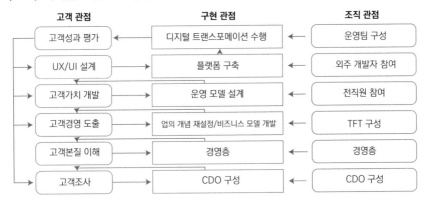

털 트랜스포메이션으로 발전했다. 과거 포드, 이케아, 맥도널드, 사우스웨스트 항공 등 오프라인 기업이 경영혁신에 성공하였다. 이를 비즈니스 트랜스포메이션이라고 한다.

1994년 아마존 등장 이후로 많은 인터넷 비즈니스가 활성화했다. 이들은 비즈니스 모델을 기반으로 하며, 인터넷 쇼핑몰, 전자 조달, 마켓플레이스 등 다양한 사례가 등장하였다. 대표적인 사례는 아마존, 아메리소스버진병원물류, ANX자동차 부품 마켓플레이스가 있으며 이를 e-트랜스포메이션이라 한다.

2007년 아이폰 등장과 함께 유튜브, 페이스북, 넷플릭스 등의 콘텐츠

〈도표〉 트랜스포메이션의 발전

구분	비즈니스 트랜스포메이션	e—트랜스포메이션	디지털 트랜스포메이션
특징	— 사업설계 — 내부 최적화 — 내부 핵심역량 강화	— 비즈니스 모델 개발 — 내·외부 관계 최적화 — 고객·파트너와의 게임 룰 변경	— 생태계/플랫폼 구축 — 고객본질 최적화 — 디지털 가치 개발 / 데이터 분석역량 강화
속성	4P 상품, 가격, 유통, 판촉	4C 콘텐츠, 커뮤니티, 커머스, 콜라보레이션	5C 고객 응축, 고객 가치, 고객 비용, 고객 편의, 고객 소통
도구	자동화, 스토어 컨셉, 운영 모델	인터넷, 비즈니스 모델	고객경험, 데이터 분석, 디지털 기술, 플랫폼
사례	포드, 이케아, 맥도널드, 사우스웨스트 항공	아마존, 아메리소스버진(병원물류), ANX(자동차 부품 마켓플레이스)	ZARA, 스타벅스, BBVA, 아마존, 배달의 민족, 전력 소매 마켓플레이스

업체, 우버, 에어비앤비 등의 모바일 비즈니스가 활성화되었다. 또한, 2015년 이후에 아날로그 기업이 디지털 기업으로 전환하는 것이 화두가 되었다. 이는 고객 경험을 기반으로 디지털 비즈니스 모델 개발과 플랫폼 구축을 하는 것이다. 대표적인 사례가 ZARA, 레고, BBVA, 스타벅스, GE, 아마존 AWS 및 유통분야, 배달의 민족 등이다. 이들의 공통점은 빅데이터, AI, 클라우드, IoT, 로봇, 5G, 블록체인 등과 같은 디지털 기술을 적극적으로 채택한다는 점이다. 이러한 디지털 트랜스포메이션은 영국의 CXO Transform 교육 플랫폼의 설립자 겸 디지털 비즈니스 전환 조언자인 롭 르웰린Rob Llewellyn이 제창한 개념이다.

〈도표〉 ZARA 비즈니스 모델의 5가지 핵심

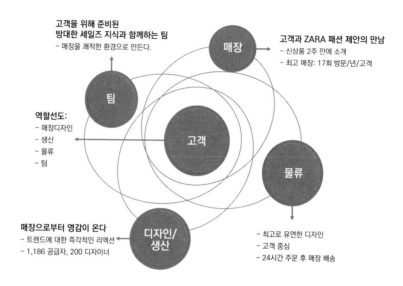

자료: ZARA Marketing Plan, 2011.05.

의류 전문 브랜드 ZARA는 디지털 트랜스포메이션의 대표적인 사례다. ZARA는 '시장조사 → 디자인 → 구매 → 생산 → 유통'의 가치사슬 전반에 걸쳐 디지털 트랜스포메이션을 실현하였다. 그들은 매장 책임자를 트렌드 세터trend setter라고 부른다. 트렌드 세터는 행인의 색상, 스타일, 옷감 정보를 수집한다. 본사 컴퓨터의 인공지능은 수집된 정보를 분석하여 옷감을 주문하고, 디자인을 의뢰하며, 생산을 지시한다. 이러한 시스템에서는 디자인부터 매장에 상품이 진열되는 시간이 2주밖에 걸리지 않는다.

재고율이 10% 미만이며, 정가 판매율도 25% 수준이다. 또한, ZARA 특징은 소비자가 디자인을 결정하게 한다는 점이다.

빌바오 비스카야 아르헨타리아 은행BBVA은 스페인의 다국적 금융 그룹으로 디지털 트랜스포메이션에 성공한 사례로 꼽힌다. BBVA는 디지털 트랜스포메이션을 위해 3,000명으로 구성된 디지털 본부를 신설하고 고객서비스를 위한 기술 활용이라는 목표를 천명하였다. 그들은 BBVA Data & Analytics를 통해 내부 정보를 외부 데이터와 결합하고 분석을 수행한다. BBVA는 고객의 신용카드 사용 거래 데이터를 통해서 서비스 자동화와 개인화된 사용자 경험을 제공한다. 또한, 'RedeX 프로그램'은 대출 신청 고객을 대상으로 하는 리스크 평가 프로세스를 개선했다. 그뿐만 아니라 개인고객을 위한 무료 금융분석 서비스 'Bconomy'는 소득, 비용, 저축, 신용카드 연체, 주택 비용, 부채 등 고객 재무 상태를 파악하고 현재의 잘못된 금융 소비 습관을 개선하기 위한 개인화된 서비스를 제공한다. BBVA는 그 밖에도 다양한 디지털 서비스를 제공하고 있다.

- 개인금융관리 — 개인의 금융자산 관리를 위해 계좌 통합서비스, 거래 분류, 개인별 상품 추천이 가능한 온라인 툴을 제공
- 모바일 서비스 — PB 고객들에게 스마트 패드용 'BBVA 모바일' 앱

을 통해 개인 수표 입금, 공과금 촬영 납부 등을 서비스

· 지급 결제 고도화 — 전화번호만으로 이체가 가능한 'Mobile Cash' 서비스로 온·오프라인 동시 결재가 가능한 전자지갑^{Mobile Wallet}을 출시함^{2015년 50만 명 사용}

· 게임 활용 서비스 — 게임을 이용하여 온라인 뱅킹을 촉진하고 있으며, 게임에서 승리하면 포인트와 아이템^{영화 및 음악 다운로드, 축구 및 농구 티켓 등}을 제공

조립 블록 장난감 회사인 레고 역시 디지털 트랜스포메이션을 성공적으로 정착시킨 회사이다. 저출산에 따른 장난감 시장 위축과 전자 게임 급부상으로 경영위기에 처한 레고는 2004년 2억 7,000만 달러의 적자를 내며 파산 직전까지 가는 상황을 맞는다. 레고는 이러한 상황을 극복하기 위해서 몇 가지 돌파구를 모색한다.

'디지털 디자이너^{digital designer}'는 블록 설계 경험과 능력을 고객들과 공유하기 위한 툴이다. 이는 고객이 레고 제품을 설계할 수 있는 플랫폼이며, 실제로 채택이 되어 상품이 출시되면, 출품자는 순이익의 1%를 로열티로 받게 된다. '레고 아이디어스^{LEGO Ideas}' 사이트는 참가자들이 자신이 개발한 레고 상품을 소개하고 심사를 거쳐 상용화한다. 여기서는 최소 1만 명 이상의 지지를 받은 제품을 한 해에 4개 정도 출시한다. 채택된 제안자

에게는 역시 매출액의 1%를 제공한다.

그 외에도 이들이 출시한 상품은 '레고 무비LEGO Movie' '레고 브스트 LEGO Boost' '레고 히든 사이드LEGO Hidden Side' '레고 수퍼마리오LEGO Super Mario 시리즈'가 있다. 이처럼 레고는 디지털과 경쟁이 아닌 디지털과 융합을 통한 상생을 추구하였다.

트렌드를 읽지 못한 채 실행하는 디지털 전환은 필패

미래 산업의 꽃인 디지털 트랜스포메이션이 무조건 장밋빛을 보이는 것은 아니다. 성공사례만 있는 게 아니기 때문이다. 영국 BBC는 디지털 혁신을 하면서 대대적인 구조조정을 수반했다. GE는 프레딕스와 디지털 트윈을 통해 디지털 트랜스포메이션을 성공했으나, 전력산업의 소매거래 마켓플레이스 활성화에 따라 전력수요가 감소하면서 경영이 악화되었으며 결과적으로 제프리 이멜트Jeffrey Immelt 회장이 사임하게 되었다.

하지만 전 세계적으로 디지털 트랜스포메이션의 광풍은 식지 않고 있다. 최근 구글 트렌드를 통해 전 세계적인 디지털 트랜스포메이션의 6년간 추세를 보게 되면 지속적으로 관심이 증대 되는 경향을 보여준다. 디지털 트랜스포메이션은 기업을 바꾸고 산업의 구조를 바꾸게 될 것이다. 특히

〈도표〉 구글 트렌드 'Digital Transformation' 검색 결과

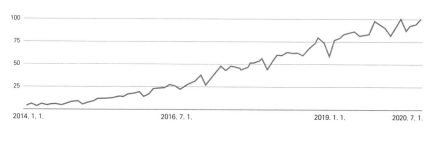

자료: 구글 트렌드

제조업 기반의 수출주도형 산업구조를 이루고 있는 우리나라는 아날로그 기업을 디지털로 전환하는데 더욱 주력할 필요가 있다.

세계의 공장인 중국 역시 디지털화에 적극적이다. 이러한 중국의 이노베이션 특징은 다섯 가지로 요약된다. 첫째, '고객 지향'이다. 알리바바와 텐센트는 고객 지향의 비즈니스 모델을 추구한다. 둘째, '새로운 시장 창출'을 목표로 한다. 셋째, '보더리스borderless'다. 넷째, 자사 능력을 외부에 제공하는 타사와의 콜라보로 새로운 가치 창출이 가능하게 된 '오픈화 및 콜라보'다. 다섯째, '데이터 활용'이다. 중국은 세계 최대의 데이터량을 확보하고 이를 통해 인공지능을 발전시켰다.

이제 기업들이 디지털 트랜스포메이션을 성공적으로 구축하기 위해서는 어떠한 단계를 거쳐야 할지를 논해보기로 하자. 영국의 디지털 트랜스포메이션 전문기관인 'CXO Transform'은 조직의 디지털 트랜스포메이션을 위한 10단계 방법10 Steps to Digitally Enabled Business Transformation을 제시하였다. 따라서 국내 기업과 기관들이 이를 바탕으로 디지털 트랜스포메이션에 더욱 경주해주기를 바란다.

① 디지털 역량 평가Digital Capabilities Assessment

② 디지털 사용 사례 매핑Digital Use Case Mapping

③ 효과 분석Benefit Analysis

④ 비즈니스 우선순위 평가Business Priority Assessment

⑤ 디지털 전환 로드맵Digital Transformation Roadmap

⑥ 비즈니스 사례 개발Business Case Development

⑦ 전략적 관리 툴 선택Strategic Management Tool Selection

⑧ 비즈니스 전환 관리 방법론 선정Business Transformation Management Methodology Selection

⑨ 전환 추진Orchestrate The Transformation

⑩ 권장 읽기를 통해 지식 습득Acquire Knowledge Through Recommended Reading

TREND 2
뉴노멀 시대를 살아갈 노동자가 주목해야 할 키워드는?

화이트칼라·블루칼라 아닌 '뉴칼라'

디지털 시대는 노동자workforce, 작업장workspace, 일 문화workculture, 노동시장work marketplace의 개념이 근본적으로 바뀌게 된다. 이러한 원인은 디지털이란 인류 역사상 가장 파괴적인 혁신이기 때문이다. 디지털 시대의 노동자 특징은 뉴칼라new collar다. 이는 디지털 시대에 새롭게 등장하는 직업 계층으로, 2016년 IBM 최고경영자 지니 로메티Ginni Rometty가 처음 사용했다. 생산직의 블루칼라blue collar나 사무직의 화이트칼라white collar가 아닌 새로운 직업 계층이다.

뉴칼라는 인공지능, 빅데이터, IoT, 로봇, 가상현실, 플랫폼 등과 관련된 직업이 포함된다. 이는 개인의 학력보다는 기술 수준이 중요하며, 직업 훈련 등을 통해 기술을 익히게 된다. IBM은 뉴칼라 인재 양성을 위해 미국 뉴욕에 정보기술 분야를 중점적으로 교육하는 P—테크 학교를 설립하기도 했다.

뉴칼라는 전체 노동인구의 20%를 차지하며, 이들의 생산성 기여는 80%에 이를 전망이다. 작업장은 원격작업이 증가하는데, 이를 위해 시간과 공간을 초월한 작업이 수행되며, 클라우드 및 크라우드 워킹이 필요하다. 일 문화는 수직적hierarchy 업무방식에서 네트워크P2P, peer-to-peer 업무 형태로 바뀌게 된다. 또한 고용보다는 위임의 계약 형태가 주종을 이루고, 노동자는 기계에 대한 감독의 역할수행을 하며, 회사는 직원 감시를 위한 데이터 수집을 확대할 것이다.

노동시장은 마켓플레이스를 통해 인력을 조달하는 임시 근로자gig workers가 확대되며, 노동의 유동성이 증가하게 될 것이다. 미국을 중심으로 '긱경제gig Economy'가 확산되면서 전통적 개념의 기업 봉급체계가 무너지고 근로자들에게 바로 현금을 지급하는 '인스턴트instant 급여' 방식이 확산되고 있다. 뉴욕타임스(NYT), 2016년 7월 4일자 참고

자유로운 '노마드'인가, 불안정한 '임시직'인가

태국 치앙마이 커피숍에서 프로그래머, 웹디자이너, 번역가, 작가, 예술가, 컨설턴트, 유튜버, 콘텐츠 크리에이터, 마케터 등이 업무를 수행하고 있다. 그들을 디지털 노마드라고한다. 그들은 '위워크리모틀리'를 통해 직업을 구하고, 시간과 공간을 초월해서 일한다. 디지털이란 인류 역사상 가장 파괴적 혁신이 우리의 삶을 바꾸어놓고 있는 것이다.

#1 월급이 사라진 세상

대기업 마케팅 부서에서 상품기획을 하는 J는 30대 초반의 미혼 여성이다. 그녀는 새로운 인생을 펼치려는 꿈을 갖고 있으며, 우연한 기회에 작가가 되기 위한 교육과정에 참여하였다. 첫날 수업이 끝나고 뒤풀이 자리에서 자기소개 시간이 있었는데, 그녀는 자신이 다니는 회사와 업무를 소개했다. 그러나 작가 수업을 진행하는 선생님은 "아직도 매달 '월급'을 받는 사람이 있어요?"라고 반문했다. J는 지하철을 타고 집으로 가는 동안에 그 말의 의미를 곰곰이 생각했다.

#2 근무 조건

그녀는 '위워크리모틀리' 사이트에서 구인 게시판을 통해 디지털 마케팅 매니저 항목을 선택하고 근무조건을 확인하였다. 조건은 경쟁력 있는 급여에 의료보험비를 월간 500달러를 지원받으며, 자택 근무비 수당 및 연 2주 휴가를 보장받고, 인터넷 접속이 잘 되는 세상 어디서나 일할 수 있는 것이다. 그녀는 지원서를 제출했고, 원격직업을 얻게 되었다.

#3 라이프 스타일

J는 태국 치앙마이에 자리를 잡았다. 이곳은 디지털 노마드의 성지로 불리는 만큼 장기 체류자가 많은 도시다. 그녀의 업무는 혁신적이고 효과적인 디지털 마케팅 전략과 솔루션을 수립하고, 키워드 조사, 광고 카피 및 랜딩 페이지 작성, 분석 설정, 성과 지표 검토 및 분석을 한다. 그리고 데이터 분석, 대시보드 업데이트 및 월간 성능 보고서 작성을 비롯한 업무를 한다. 그녀는 업무뿐만 아니라 화상회의도 한다. J는 일하는 중간에 관광을 즐기며, 비가 내리는 창밖을 구경하며 커피를 마시기도 한다. 그녀는 가끔 근처 커피숍에서 작업하기도 한다. 여기에는 전 세계에서 모인 디지털 노마드들이 일을 하고 있다. J는 다음 달에는 이탈리아 밀라노에서 작업하는 것을 계획 중이다.

디지털 시대의 기업은 직원을 원하지 않는다. 그들은 능력을 원할 뿐이다. 우리는 방금 디지털 노마드에 대해 살펴보았다. 기업은 주어진 임무를 누군가가 해결해주기만 하면 된다. 아날로그 시대는 직원이 작업장으로 출근을 하고, 일하는 구조였다. 디지털 시대에는 직원이든 프리랜서이든 로봇이든 업무를 수행하면 될 뿐이다.

디지털 노마드의 특징은 전문직이라는 것이다. 그들은 프로그래머, 웹 디자이너, 번역가, 작가, 예술가, 컨설턴트, 유튜버, 콘텐츠 크리에이터, 마케터 등 직업도 다양하다. 디지털 노마드는 프랑스 경제학자 자크 아탈리 Jacques Attali가 1997년《21세기 사전Dictionnaire du XXIe siecle》에서 처음 소개한 용어다. 주로 노트북이나 스마트폰 등을 이용해 장소에 상관하지 않고 여기저기 이동하며 업무를 보는 사람을 일컫는다. 디지털 노마드는 긱 경제의 단면이다.

〈도표〉 디지털 노마드를 위한 웹 사이트

프리랜서, 재택근무자들을 위한 플랫폼	업워크(www.upwork.com)
원격근무가 가능한 일자리 큐레이션	위워크리모틀리(weworkremotely.com) 리모티브(remotive.io)
여행하며 일하는 커뮤니티 프로그램	해커 파라다이스(www.hackerparadise.org) 코보트(www.coboat.org)

일자리가 절반으로 줄어들기까지 남은 시간, 10년

영화 〈벤허〉에서 나오는 장면에는 전투함선이 적보다 빠르게 움직이기 위해서 노를 젓는 노예들은 근육을 키우는 것이 중요했고, 선체 위의 마스트가 커야 거센 바람을 타고 순조로운 항해를 했다. 그러나 현대의 선박에는 기관사, 통신사 등 과거와는 다른 직종의 근무자가 배를 움직이고 있다.

마찬가지로 아날로그 시대에 필요했던 아이디어로 가득한 창의적인 인재가 디지털 시대에는 통찰력을 제공하는 데이터 분석 전문가로 바뀌었다. 과거에 필요했던 기계 메커니즘을 설계하는 인력이 요즘에는 머신러닝과 딥러닝 전문가로 바뀌었다. 테슬라의 CEO 일론 머스크^{Elon Musk}는 "AI 상용화에 의해 인간의 20%만 의미 있는 직업을 갖는다"고 했으며, 옥스퍼드대는 "2033년 현재 일자리 47% 사라진다"는 분석 결과를 발표했다.

논문 〈고용의 미래: 일자리가 얼마나 컴퓨터화에 취약할까?^{THE FUTURE OF EMPLOYMENT: HOW SUSCEPTIBLE ARE JOBS TO COMPUTERISATION?, 2013}〉는 702개 직업에 대하여 사라질 직업, 유지할 직업으로 분류하였다. 사라질 직업의 대표적인 사례는 은행 창구 직원, 제조업 생산직, 운전기사, 트럭 기사, 번역가, 톨게이트 수납원, 여행 가이드, 점포 계산원, 비서, 텔레마케터, 회계사, 번역가, 소매 판매업자, 전문 작가, 부동산 중개인, 기계 전문가, 비행기 조종사, 경제학자, 건강 관련 기술자, 배우, 소방관, 편집자, 화학 엔지니어, 성직자, 운동 트레이너, 치과의사 등이다. 반면에 생존할 직업은 영화감독, 화가·조각가, 운동선수, 사진작가·사진사, 작가 및 관련 전문가, 지휘자, 작곡가 및 연주가, 애니메이터 및 만화가, 무용가 및 안무가, 가수 및 성악가, 연예인, 메이크업 아티스트 및 분장사, 공예가, 예능 강사, 패션디자이너, 국악 및 기술감독, 배우·모델, 제품 디자이너 등이다.

4차 산업혁명 위원회 제5차 회의 자료의 〈직종별 고용구조 변화^{2015년 대비 2030년 변화}〉에 따르면 직종별 변화 시나리오는 다음과 같다.

· 전문가 및 고급 기술자^{경영전략 수립, 연구개발} — 경영 기획, 상품 기획, 마케팅, R&D 등 새로운 비즈니스를 선도하는 핵심 인재 증가

· 생산 및 구매 현장^{생산라인 근로, 구매 관리 등} — AI나 로봇에 의한 무인·자동화로 인해 불가피한 고용 감소

· 고급 영업판매^{전문지식을 바탕으로 한 고객 맞춤형 영업} — 고도의 컨설팅을 통한 상품·서비스 등 맞춤형 영업 판매와 관련되는 일이 증가

· 일반 영업판매^{텔레마케팅, 계산원} — 인공지능, 빅데이터에 의한 효율화·자동화가 진행

· 고급 서비스^{고품질 접객 및 간호} — 직접적인 고품질, 장시간의 대면 서

비스를 제공하는 고부가가치 서비스 증가

· 일반 서비스^{일반 접객, 점원, 콜센터} — AI · 로봇에 의한 효율화 · 자동화

로 인해 수요 감소

· IT 기술자 — 제조업의 IoT화, 정보 보안 강화 등 산업 전반에서 IT

기술 수요 증가

· 경리, 데이터 입력, 업무보조 — AI나 글로벌 아웃소싱에 의한 고용

대체 진행

· 기타^{건설 작업 등} — AI · 로봇에 의한 효율화 · 자동화로 인해 수요 감소

아날로그 시대의 산업 특성은 다음과 같다.

① 상품과 서비스의 현물거래, 자본, 노동 집약적인 프로세스, 운송, 교

통 인프라 구축의 중요성 강조

② 다국적 기업들의 역할이 중요

③ 아이디어 및 지식의 이동 속도가 느림

④ 상품과 서비스의 거래가 경제 선진국 위주로 형성

반면에 디지털 시대의 산업 특성은 다음과 같다.

① 디지털 정보와 데이터의 거래

② 지식 기반의 프로세스, 디지털 인프라 구축으로 중심 이동

③ 소규모 및 개인 기업의 역할 증대

④ 직접적이며 글로벌 차원에서의 정보 획득

⑤ 개발도상국, 저개발국가들의 참여 증대

따라서 미래의 일자리는 사라질 직업, 생존할 직업과 함께 디지털 시대에 새로 등장할 직업을 생각해볼 수 있다. 미래에 등장하는 직업 대부분은 디지털 기술과 연관된 직종이다.

〈도표〉 미래에 등장할 디지털 기반 직종

직업명	개요
인공지능	인공지능 전문가, 감성 인식기술 전문가, 인간공학 기술자, 인공지능 윤리학자, 뇌-컴퓨터 인터페이스 개발자, 음성인식 엔지니어
데이터 과학	빅데이터 분석가, 데이터 브로커, 빅데이터 플랫폼 개발자, 데이터 검증사, 인포그래픽 기획자, 개인 라이프 분석가
가상현실	가상현실 전문가, 홀로그램 전문가, 가상훈련시스템 전문가, 촉각 인식 인터페이스 개발자
IoT	사물인터넷 개발자, 사물인터넷 기기 보안 인증 심사원
로봇	자율주행 자동차 개발자, 로보 어드바이저 개발자, 로봇 윤리학자, 의료용 로봇 전문가, 재난 로봇 개발자, 서비스 로봇 개발자, 로봇 공연 기획자
드론	드론 촬영 조종사, 드론 항공 관제사, 드론 배송 매니저, 드론 사진작가
3D 프린터	3D프린팅 모델러, 3D스캐너 개발자, 3D 음식 프린터 개발자
인터넷·SNS	SNS 전문가, 디지털 장의사, SNS 데이터 분석가, 지식 콘텐츠 큐레이터
IT	클라우드 컴퓨팅 보안 개발자, 클라우드 개발자, 블록체인 시스템 개발자
비즈니스 모델	O2O 서비스 기획자, 공유경제 컨설턴트, 클라우드 중계업자, 공유자산 가치 분석가, 블록체인 전문가
의료	유전학 상담 전문가, 뉴로모픽칩 개발자, 헬스케어 기기 개발자, 원격진료 코디네이터, 스마트 헬스케어 전문가, 디지털 디톡스 치료사
금융	핀테크 전문가, 크라우드 펀딩 매니저, 데이터 보험 계리사
제조	스마트팩토리 설계자, 스마트 공장 코디네이터, 스마트 의류 디자이너
서비스	스마트 오피스 매니저, 사이버 평판 관리자, 문화 콘텐츠 전문가
건설·도시	스마트시티 전문가, 도시 데이터 분석가, 신재생에너지 전문가, 3D 프린터 건축가, 스마트 재난 전문가, 기후변화 대응 전문가, 도시 재생 전문가
농·수산업	스마트팜 전문가, 식물공장 설계자, 6차 산업 컨설턴트, 바다 농부

포스트 코로나 시대의 유망 직업

우리는 디지털 시대의 직업뿐만 아니라, 포스트 코로나 시대의 직업에 대한 변화에 관심이 쏠린다. 한국과학기술기획평가원^{KISTEP}에서 발표한 자료를 보면, 전문가들은 4대 환경 변화로 ① 비대면·원격사회로의 전환 ② 바이오 시장의 새로운 도전과 기회 ③ 자국 중심주의 강화에 따른 글로벌 공급망 재편과 산업 스마트화 가속 ④ 위험 대응 일상화 및 회복력 중시 사회를 꼽았다. 이에 따라 변화가 예상되는 영역은 헬스케어, 교육, 교통, 물류, 제조, 환경, 문화, 정보 보안의 8개 분야에서 25개의 유망한 기술을 나열하였다.

- 헬스케어 — 디지털 치료제, AI 기반 실시간 질병 진단기술, 실시간 생체정보 측정·분석기술, 감염병 확산 예측·조기경보기술, RNA 바이러스 대항 백신 기술
- 교육 — 실감형 교육을 위한 가상·혼합현실 기술, AI·빅데이터 기반 맞춤형 학습 기술, 온라인 수업을 위한 대용량 통신기술
- 교통 — 감염의심자 이송용 자율주행차, 개인 맞춤형 라스트마일 모빌리티, 통합교통서비스^{MaaS}
- 물류 — ICT 기반 물류정보 통합플랫폼, 배송용 자율 주행 로봇, 유

통물류센터 스마트화 기술

· 제조 — 디지털트윈, 인간 증강기술, 협동 로봇기술

· 환경 — 의료폐기물 수집 운반용 로봇, 인수 공통감염병 통합관리기술

· 문화 — 실감 중계 서비스, 딥페이크 탐지기술, 드론 기반의 GIS 구축 및 3D 영상화 기술

· 정보보안 — 화상회의 보안성 확보기술, 양자얽힘 기반의 화상 보안 통신 기술, 동형암호 이용 동선 추적 시스템

기업이 원하는 인재란 '잘 팔리는 아이디어'를 내는 사람

1999년부터 정부는 국가직무능력표준NCS, National Competency Standard 을 추진하였다. 이는 산업현장에서 직무를 수행하기 위해 요구되는 지식 · 기술 · 태도 등의 내용을 국가가 체계화한 것이다. 예를 들어 가구 디자인의 경우 가구 디자인, CAD, 재료, 제작, 표현기법 등을 배우게 된다.

그러나 기업체에서 원하는 인력의 조건은 사뭇 다르다. 가구 디자인을 위해서는 소비자 행동 분석, 데이터 분석, 디자인 싱킹design thinking 등의 추가적인 교육이 필요하다. 디지털 시대는 창의융합교육이 주된 관심사이다. 가구 디자인의 핵심은 잘 팔리는 가구를 만드는 것이다. 그러기 위해서

는 소비자에 대한 수요 조사를 하고, 이에 대한 분석을 통해서 인사이트를 얻어야 한다. 또한 디자인 싱킹을 통해서 고객 가치를 개발해야 한다.

따라서 전통적인 고등 교육 체계인 NCS에 대한 폐기론이 제기되고 있다. 이제는 각자가 뉴칼라가 되기 위해 노력을 해야 한다. 그러기 위해서는 학교 교육 커리큘럼에 없는 자기만의 학습과정을 개발하고 인터넷 검색과 유튜브 동영상 등의 강의를 통해 자신이 배워야 할 것을 탐색하여야 한다. 바로 이러한 노력을 자기주도학습self—directed learning이라고 한다.

취업을 위한 자기소개서에도 자신이 가고자 하는 방향과 이를 위해 노력했던 과정이 기술되어야 인력시장에서 어필될 것이다. 디지털 시대의 교육에 공통적인 과목은 역시 수학과 통계학이 될 것이다.

TREND 3
해외여행, 국내여행을 대체할
'가상세계로의 여행'

몸은 집에 있지만 마음은 떠나자

코로나19 재확산으로 사회적 거리두기가 2.5 단계로 격상되었다. 해외여행뿐만 아니라, 국내여행까지도 자제를 해야 하는 형편이다. 이럴 때는 VR 여행으로 아쉬움을 달랠 수 있다. KT 슈퍼 VR 플랫폼은 160여 편의 가상여행 콘텐츠를 제공한다. 파리, 뉴욕 등의 하루를 경험할 수 있을 뿐만 아니라 노르웨이의 오로라와 같은 경관을 볼 수 있다.

AR 역시 관광분야에 응용된다. 경주 황룡사는 신라 진흥왕 시절인 569년에 창건되었다. 고려시대 몽골 침입 때 황룡사는 불타버렸다. 지금은 터만 남아 있는 신라 최대 사찰 황룡사 일부를 증강현실^{AR} 디지털 기술로 복원했다. 실제 건축물 크기로 내부까지 들어가 체험할 수 있도록 복원한 첫 사례로, 건축 유적의 실물을 되살리는 데 새로운 개념을 제시한 것으로 평가받고 있다. 황룡사지를 방문하는 관람객들은 현장에서 대여하는 태블릿 PC를 이용해 중문과 남회랑에 들어가는 증강현실 프로그램을 직접 체험이 가능하다.

20여 년간 이어져온 시도

2003년 '세컨드라이프www.secondlife.com'는 벤처기업 린듭랩Linden Lab 이 선보인 인터넷 기반의 가상현실 공간이다. 자신의 아바타를 이용해 집을 사고 물건을 만들어 파는 등의 경제활동을 수행한다. 사이버 활동으로 획득한 '린든 달러'를 미국 달러화로 환전해 주기도 한다. 파이낸셜타임스는 '세컨드라이프는 현실 세계와 가상세계의 경계가 없는 곳' '자본주의의 신천지frontier capitalism'라고 보도했다.

세컨드라이프는 현실로부터의 화려한 일탈을 꿈꾸는 사람들의 욕구를 자극하며 2007년 기준으로 가입자가 870만 명에 달했다. 기업들도 세컨드라이프에 가상 지점을 열고 광고 효과를 거두었다. 또한 세컨드라이프는 정치의 도구로도 활용되었다. 민주당 대통령 후보 경선에 나선 힐러리 클린턴Hillary Clinton은 세컨드라이프 안에 각종 홍보물을 부착하면서 적극적으로 지지를 호소했다.

원불교는 3차원 가상현실 서비스 세컨드라이프를 통해 석가탄신일 기념행사를 했다. 이는 세컨드라이프 내 한인 마을에 3층 규모의 원불교 교당과 정원을 조성하고 '원불교 교전'을 비치해 이용자들이 관람할 수 있게 한 것이다.

세컨드라이프는 2006년 비즈니스위크로부터 최고의 아이디어 상품으로 선정되었고 미국 광고 연맹에서는 2006년 가장 놀라운 미디어 관련 현상으로 세컨드라이프를 뽑았다. 또한, 창시자인 필립 로즈데일^{Philip Rosedale}은 2006년 타임지가 선정하는 가장 영향력 있는 100인에 포함되면서 더욱 승승장구하게 되었다.

그로부터 10여 년이 지난 2016년 전 세계를 열광시킨 모바일 AR 게임이 있었다. 이는 '포켓몬GO'인데, 나이앤틱^{Niantic, Inc.}이 개발한 스마트폰의 유료화 위치 기반 증강현실 게임이다. 이용자의 현실 공간 위치에 따라 모바일 기기 상에 출현하는 가상의 포켓몬을 포획하고 훈련시켜, 대전을 하고 거래도 할 수 있는 것이 이 게임의 특징이다. 사람들이 포켓몬이 출현하는 장소나 거리에 운집하는 현상이 빚어졌으며 미국 및 한국에서 포켓몬GO의 인기는 일종의 사회현상으로 급부상하였다. 2016년 7월 11일부로 포켓몬GO는 빠른 속도로 앱스토어와 구글 플레이에서 정상을 차지한 게임이 되었다. 포켓몬GO는 2016년 구글의 '올해의 검색어'에서 전 세계 1

위를 차지하였다.

이처럼 〈마이너리티 리포트〉〈아이언맨〉〈매트릭스〉 등의 SF 영화에서 선보였던 가상현실과 증강현실 기술이 현실화되고 상용 구현을 위한 개발이 확대되고 있다. 가상의 세계는 가상현실VR, virtual reality, 증강현실AR, augmented reality, 혼합현실MR, mixed reality, 확장현실XR, extended reality 로 구분된다.

가상현실, 혼합현실 등의 개념

가상현실은 어떤 특정한 환경이나 상황을 컴퓨터로 만들어서, 그것을 사용하는 사람이 마치 실제 주변 상황·환경과 상호작용을 하는 것처럼 만들어주는 인간과 컴퓨터 사이의 인터페이스이다. 증강현실은 사용자가 눈으로 보는 현실 세계에 가상 물체를 겹쳐 보여주는 기술로, 현실 세계에 실시간으로 부가정보를 갖는 가상세계를 합쳐 하나의 영상으로 보여준다. VR과 AR은 서로 비슷하지만 VR은 가상, 즉 허상을 보여주며, AR은 실상을 보여준다.

혼합현실은 가상현실과 증강현실의 장점을 합친 영상 기술이다. 가상과 현실의 정보를 결합해 융합시키는 공간을 만드는 기술이라 할 수 있다.

MR은 컴퓨터 그래픽, 향기, 소리 등의 정보를 실시간으로 혼합하여 사용자와 상호작용을 하는 것으로 정보의 효율성을 극대화한 차세대 첨단 정보기술이다.

VR은 허구의 상황을 제시하는 가상현실로 컴퓨터로 만든 가상의 세계에서 사람이 실제와 같은 체험을 할 수 있도록 하는 최첨단 기술로 머리에 장착하는 디스플레이 디바이스인 HMD^{head mounted display}를 활용해 체험할 수 있다. VR은 게임, 자동차, 헬스케어, 리테일, 관광, 이러닝, 기업 훈련 등에 활용이 가능하다. VR은 HMD와 웨어러블 장비를 통해 인간이 실제 보고 만지는 등 감각적 효과를 느끼게 해서 생생한 환경에 몰입시키는 몰입형 VR과, 일반 컴퓨터 모니터에 3D 입체 안경, 입력장치^{인체 인식, 조이스틱, 핸들 등}를 통해 책상 위에서 사용할 수 있는 데스크톱 VR로 나뉜다.

AR은 현실 세계에 가상 정보를 더해 보여주는 증강현실이다. VR은 자신^{객체}과 배경·환경 모두 현실이 아닌 가상의 이미지를 사용하는데 반해, AR은 현실의 이미지나 배경에 3차원 가상 이미지를 겹쳐서 하나의 영상으로 보여주는 기술이다. 증강현실과 가상현실은 서로 비슷하지만 그 주체가 허상이냐 실상이냐에 따라 명확히 구분된다. 컴퓨터 게임으로 예를 들면, VR 격투 게임은 '나를 대신하는 캐릭터'가 '가상의 공간'에서 '가상의 적'과 대결하지만, AR 격투 게임은 '현실의 내'가 '현실의 공간'에서 가상의 적과 대결을 벌이는 형태가 된다. 때문에 AR이 VR에 비해 현실감이 뛰어나다는

특징이 있다.[1]

MR은 현실과 가상을 결합하여 실물과 가상 객체들이 공존하는 새로운 환경을 만들고 사용자가 해당 환경과 실시간으로 상호작용을 함으로써 다양한 디지털 정보들을 더욱 실감나게 체험할 수 있도록 하는 기술이다. XR은 5G 시대의 핵심 콘텐츠로 불리는 VR, AR, MR과 미래에 등장할 신기술까지 포괄하는 확장현실을 뜻한다.

출시는 되었지만 보급은 아직

VR 개념은 1960년대 초 MIT 대학의 이반 서덜랜드Ivan Sutherland 박사가 제창했으며, 1970년대에 마이론 크루거Myron Krueger에 의해 '인공 현실artficial reality'이란 용어로 탄생되었고, 1989년 아이폰Eyephone과 데이글로브Datagrlove 등 가상현실 장비를 개발한 재론 래니어Jaron Lanier가 '컴퓨터에 의해 제작된 몰입적인 시각적 경험'을 '가상현실'이란 용어로 다시 표현하면서 확산되었다. 2000년 바이어Beier는 가상현실이란 컴퓨터 네트워크를 이용한 상호적 커뮤니케이션을 통하여 유지되는 가상공간 속에서 3차원의 현실 세계와 유사한 경험과 체험을 할 수 있도록 구현된 가상세계라고 정의했다.

AR은 비행기 제조사인 '보잉' 사에서 1990년경 비행기 조립 과정에 가상의 이미지를 첨가하면서 처음으로 세상에 소개됐다. 이후에 오큘러스 및 HTC가 VR 장비를 발전시켰고, 마이크로소프트가 증강현실을 지원하기 위한 홀로렌즈를 개발하였다.

오큘러스 VR^{Oculus VR}은 2012년 7월 설립한 미국의 기술 기업으로, 가상현실 하드웨어와 소프트웨어 제품이 전문분야이며, 2012년 4월 비디오 게이밍을 위해 설계된 가상 현실 헤드셋인 리프트^{Rift}를 발표하였다. 2016년 발매된 오큘러스 리프트는 헤드마운트 디스플레이^{HMD}형 기기로 가상현실을 3D로 체험할 수 있도록 해주는 도구다. 2018년 '오큘러스 퀘스트^{Oculus Quest}'라는 독립형 VR 헤드셋을 발표하였다. 2014년 페이스북은 오큘러스를 인수하였다.

HTC는 대만의 VR 전문 업체이다. HTC의 상품은 가상현실 HMD 기기이다. '바이브 코스모스^{Vive Cosmos}' 시리즈는 광범위한 VR 애플리케이션을 위한 모듈식 옵션을 갖춘 세계 최초의 PC-VR 시스템이다. '프로 아이^{Pro Eye}' 시리즈는 정밀한 아이-트래킹이 전문가 등급의 사운드 및 그래픽과 결합되어 깊은 몰입이 필요한 스튜디오, 홈 오피스 및 VR 유저를 위해 설계되었다. VIVE 시리즈는 게이머를 위한 메인스트림 PC-VR이다. 정확도, 360도 헤드셋 트래킹, 사실감 있는 그래픽, 지향성 오디오 및 HD 햅틱 피드백은 가상세계에서 박진감 넘치는 액션을 제공한다.

'Steam VR'은 VR 게임을 유통하는 플랫폼이다. 이들은 VR 게이밍 시장의 확대가 예상되자, 앞으로 여러 종류의 HMD가 출시될 것을 고려하여 스팀으로 출시하는 VR 게임들이 전부 동일한 규격을 갖추도록 하는 표준 시스템을 구축하였다.

〈도표〉 HMD와 오큘러스 리프트

HMD	안경처럼 머리에 쓰고 대형 영상을 즐길 수 있는 장치로, 휴대하면서 영상물을 대형화면으로 즐기거나 수술이나 진단에 사용하는 의료기기에 적용할 수 있는 차세대 영상표시 장치이다. 책상이나 거실에 놓는 TV·모니터 또는 영화관에서나 볼 수 있는 대형 스크린과 달리, 작은 디스플레이가 부착된 장치를 머리에 쓰면 눈앞에 있는 화면을 통해 마치 거대한 스크린을 보는 듯한 효과를 준다.
오큘러스 리프트	오큘러스에서 개발한 가상현실 기기로, 기존의 HMD와 달리 센서를 통해 사용자의 움직임을 인식하고 화면에 이를 반영한다. 예를 들어 사용자가 고개를 왼쪽으로 돌리면 화면에 표시되는 장면도 왼쪽으로 움직여, 사용자의 머리 움직임을 콘텐츠 조작에 반영할 수 있다. 이러한 기술은 특히 게임 콘텐츠의 몰입감과 현실성을 높여주는 데 일조한다.

1994년 폴 밀그램Paul Milgram이 정의한 혼합현실은 하이브리드 현실이라고도 불린다. 마이크로소프트사가 2016년 출시한 홀로렌즈HoloLense는 머리에 쓰는 웨어러블 디스플레이 장치HMD다. 오큘러스 리프트나 HTC 바이브와 같은 VR 기기가 시야를 완전히 차단하는 별도의 디스플레이를 통해 가상현실을 구현하는 방식이라면, 홀로렌즈는 반투명한 디스플레이를 통해 사용자의 주변 환경을 볼 수 있도록 했다는 점이 다르다. 홀로렌즈는

완전한 가상 화면을 보여주는 가상현실이나 실제 화면에 덧씌우는 증강현실과 달리 현실 화면에 실제 개체의 스캔된 3D 이미지를 출력하고 이를 자유롭게 조작할 수 있는 혼합현실을 내세우고 있다. MS가 시험용으로 개발한 '홀로 스튜디오' 앱이 대표적이다.

게임을 통해 익숙해지고 있는 VR

VR은 1960년대부터 시뮬레이션 장치로 개발하여 활용되었다. 최근에는 VR 기술 및 장비가 발전하면서, 의료, 국방, 교육, 엔터테인먼트, 스포츠, 게임 등 다양한 분야에 활용이 된다. 우선 의료분야의 적용 상황을 살펴보자. 고가의 의료 장비는 인체 수술이나 치료 훈련에 이용하기 어렵다. 따라서 가상현실의 의료분야 활용은 수술에 몰두하는 상황에서 의료 교육을 진행하기가 용이하지 않은 단점을 해결한다. 스탠퍼드 대학병원 신경외과는 VR 시뮬레이션을 사용해 수술 전 복잡한 외과적 접근법을 시각화하고 구성하는 작업을 시행 중이다. 가상현실은 의사가 다양한 감각을 전달해 현실에서 수술 등을 시행하는 효과를 가진다.

최근에는 청소년들에게 VR 게임이 보편화되었다. VR 게임을 유통하는 플랫폼인 '스팀 VR'의 '더랩'은 VR 입문용 게임으로 각광을 받고 있다. 스팀 VR에서 제공하는 게임은 기능성, 레이싱 및 차량 조정, 롤플레잉, 리듬, 생존, 스포츠, 시뮬레이션, 액션, 어드벤처, 연애 및 감상, 전략, 커뮤니티, 퍼즐, 호러, FPS^{1인칭 시점 슈팅게임} 등 다양한 장르를 제공한다. 우리가 기존에 즐겼던 '유로 트럭 시뮬레이터' 역시 VR 모드로 즐길 수 있다.

교육 분야에서는 VR을 적용하여 가상훈련을 할 수 있다. 국내의 '스마트 직업훈련 플랫폼'은 화학, 전기 · 진자, 재료, 기계, 건설, 환경 · 에너지 · 안전 등의 분야에 46개 VR 교육훈련과정을 제공한다. 화학 분야에서는 '화학물질 취급 실험실 안전체험' 등 위험한 실습 교육을 안전하게 대신할 수 있다. 기계 분야에서는 항공 기체 정비, 화력발전 보일러 주요 설비 유지보수, 사출 금형 및 성형기 운용 등 고가 장비 및 설비에 대한 운영 교육이 가능하다. 건설 분야에서는 굴삭기 운전기능사 실기, 위성측위시스템 GNSS을 이용한 측량 등이 가능하다.

굴삭기 운전기능사 실기 가상훈련의 과정을 살펴보자. 이는 PC를 통해 굴삭기 운전을 직접 체험하는 것이다. 하지만 교육과정은 의외로 충실하다. 이 가상훈련의 교육과정은 기본 학습^{굴삭기의 구조, 작업 전·후 점검, 작업 상황 파악, 안전·환경 관리}, 실기 훈련^{코스 운전 기초 훈련 및 실기 시험, 굴착 작업 기초 훈련 및 실기 시험}, 실무 운전^{장비 시운전, 도로주행, 작업 현장 내 주행 훈련, 흙 깎기, 터 파기, 흙 쌓기, 메우기, 평탄화}로 구성되었다.

올리브영, 롯데백화점··· 개인보다는 기업이 먼저

VR은 마케팅에서도 위력을 발휘한다. '홈쇼핑 가상현실 피팅' 서비스는 방송이 진행될 때 소비자가 성별, 키, 허리 등의 신체 사이즈를 적용한 아바타에 방송 중인 상품의 옷을 입힐 수 있다. 아바타는 360도 회전이 가능하고 확대도 할 수 있어 실제 상품을 착용해 본 것과 같은 경험을 제공한다.

패션 브랜드인 '타미힐피거'는 고객이 언제 어디서나 모델들의 런웨이를 감상할 수 있는 가상현실 패션쇼 마케팅을 진행하고 있다. VR 기기만 있으면 집에 있는 고객이 패션쇼에 참가한 것처럼 360도로 런웨이 현장을 감상할 수 있다. 이케아에서는 가상현실 공간에서 집안의 인테리어를 구성해 볼 수 있는 '이케아 가상현실 쇼룸' 서비스를 제공한다.

최근에는 가상현실을 응용한 가상체험이 확산되고 있다. 사비도성 가상체험관은 2015년 유네스코 세계유산으로 등재된 백제 역사 유적지구 중 부여 지역의 문화재를 접할 수 있는 역사 문화체험 전시장이다. 가상현실과 증강현실, 홀로그램 등 다채로운 최첨단 기술을 활용한 전시 콘텐츠를 관람할 수 있다.

AR은 VR만큼 활성화되지는 않았지만, 게임뿐만 아니라 교육, 문화, 마케팅 등으로 활용 범위를 확장해가고 있다. AR은 전투기의 HUD$^{head\ up}$ ^{display}와 스마트폰을 거쳐 안경 형태까지 다양한 기기에 적용되며 성장하였다. AR은 전투기 조종사에게 투명 디스플레이를 사용하여 정보를 전달하는 HUD를 통해 최초로 실용화됐으며 이후 고급형 자동차까지 확대되었다.

1988년 제너럴 모터스에서 개발한 올즈모빌의 커틀래스 슈프림Cutlass Supreme은 HUD를 최초로 적용한 것이다. 현대백화점 온라인 쇼핑몰 '더현대닷컴'은 가상 메이크업 서비스를 제공한다. 이는 AR 기술을 활용해 매장에 가지 않고도 스마트폰으로 자신에게 맞는 색조 화장품을 고를 수 있는 서비스다. 스마트폰 카메라로 얼굴을 비춘 뒤 자신의 피부 톤에 맞는 립스틱, 블러셔, 아이섀도우 등의 화장품을 가상으로 발라볼 수 있다.

스위스 시계 브랜드 티쏘Tissot도 증강현실을 이용한 마케팅을 시도하였다. 이는 직원이 준 종이 시계를 팔목에 착용한 뒤 스크린에 갖다 대면 실제로 시계를 착용한 모습이 스크린에 나타난다.

올리브영에는 스마트 미러라는 AR 장비가 있다. 스마트 미러 앞에 서서 피부 고민과 같은 간단한 설문조사에 응답한 뒤, 카메라에 얼굴을 비추면 나이와 상태 등을 점검받을 수 있으며, 측정이 끝나면 피부 상태에 맞는 화장품을 추천받을 수 있어 상품 선택에 도움을 준다.

롯데백화점의 디지털 거울 '에프엑스 미러'가 있다. 설치된 디지털 거울 앞에 서면 신체 사이즈를 실시간 측정을 통해 쇼핑객에게 맞는 의상을 3D 이미지로 보여준다. 이처럼 증강현실을 적용한 사업을 증강현실 상거래라고 한다.

MR은 다양한 적용사례는 없지만, 제조 현장 등에서 활용되고 있다. 유럽 항공사 에어버스에서는 MR을 활용하는데, 생산 현장의 작업자가 양손에 장비나 자재를 들고 있는 동안에도 정보나 지시사항에 접근할 수 있도록 마이크로소프트의 홀로렌즈를 착용하고 작업한다. 또한, 훈련생에게 고가의 장비나 자재 등을 지급하거나 훈련장비가 있는 곳으로 가지 않고도 훈련을 쉽게 할 수 있다. 에어버스는 300건 이상의 MR 사용 사례를 확인했다. MR은 조립가공, 검사, 의료, 자동차, 로봇 산업 부문에서도 다양하게 활용되고 있다.

일본 주오대 연구실은 MR 기술을 활용해 해안가 지역에 쓰나미가 밀어닥칠 때의 모습을 구현하거나, 지진이 일어날 경우 건물 내부에서 어떤 일이 발생하는지를 연구했다. 미 항공우주국[NASA]은 마이크로소프트와 함께 '목적지 화성[Destination: Mars]'이라는 체험 공간을 통해 일반인들이 우주 공간을 걸을 수 있도록 한 MR 프로젝트를 진행하고 있다. 이 프로젝트를 통해 관람객은 실제 화성 표면을 걸어 다니는 듯한 느낌을 받을 수 있다. 우주선을 타지 않고도 기술의 힘으로 우주를 간접 체험하는 것이다.

2021년 이후 한국에 도입될 서비스들

국내에서도 AR · VR의 활용은 매우 적극적이다. 삼성전자는 2016년 CES에서 '기어VR'을 발표하였다. 이는 삼성전자가 오큘러스 리프트의 제조사이자 해당 분야의 선도주자라 할 수 있는 오큘러스 VR과 협력해 개발한 HMD기기이다. 기어VR은 스마트폰을 도킹해 사용하는 HMD 디바이스다. 이는 VR을 모바일화하였다는 측면에서 의미가 있다.

국내에서는 AR · VR의 응용분야가 다양한 측면으로 적용되고 있다. 철도분야 위기대응 및 가스설비 정비를 위한 시뮬레이터 개발에 VR이 적용된다. 콘텐츠 제작 분야에는 6 · 25 전쟁 주요 전투, 진로 교육, 문화 관광, 달 탐사 등을 위해 VR을 활용한다. 체험관의 경우 해군 체험관, 군 재난 대응 체험, 관광체험, 안전체험 등에 VR을 활용하고 있다. 문화체육관광부는 가상현실 스포츠실을 전국 초등학교에 보급하고 있는데, 우천 시 또는 미세먼지 등으로 날씨가 좋지 않은 환경에서도 학생들이 운동을 할 수 있다.

〈도표〉 국내 AR·VR 추진사업 현황

분야	사업명
교통	철도 이용자를 고려한 VR 기반 위기대응 시뮬레이터 구현
국방	VR활용 함정 승조원 교육훈련체계 6.25전쟁 주요전투 VR·AR콘텐츠 제작 VR기반 사고예방 콘텐츠 제작 용역 VR기반 해군 체험관 구축 VR/AR 활용 군재난 대응 체험식 교육장 구축
교육	VR 기반 독성가스 냉동제조시설 교육 시스템 구축 초등학교 가상현실 스포츠실 설치 GMP기반 VR교육 시스템 한국가스기술공사 가상현실 기반 정비 교육용 시뮬레이터 개발 VR 소방시설 전문 실습 콘텐츠 제작 가상현실 기반 진로 교육 콘텐츠 제작
문화 관광	2019 신규 웰니스 관광 선정지 VR 콘텐츠 제작 대가야 고령 VR 콘텐츠 개발 광주광역시 제2 홍보관 관광 VR 체험존 설치 고령군 문화 관광 PVR(파노라마 VR) 콘텐츠 제작 국제 자동차 경주장 자동차 복합 문화공간 VR 체험관 조성
과학	달 탐사 가상현실 콘텐츠 제작 국립중앙과학관 창의나래관 가상현실 라이더 전시품
안전	K-water형 VR 안전체험교육 콘텐츠 개발 화학시설 테러·물질누출 유형별 가상현실 프로그램 개발 증강현실 기반 170kV GIS 점검 절차교육/원격지원 통합 콘텐츠 개발 한국산업안전보건공단 컴퓨터그래픽(CG) 기반 VR 콘텐츠 개발 해양사고 체험형 VR 콘텐츠 제작
의료	가상현실 기반 시선 추적기술을 활용한 후천적 뇌손상 이후의 인지장애 평가 시스템 장애 재활 체험 가상현실 시스템 구축
기타	미래직업 체험 VR 콘텐츠 개발 경기콘텐츠진흥원 VR·AR 엑셀러레이팅 프로그램 운영 부산 가상증강현실 융복합센터 시설 구축 건설현장의 추락낙하, 밀폐공간 질식, 용접화재, 사고체험 VR

〈도표〉 AR·VR 기술 발전방향

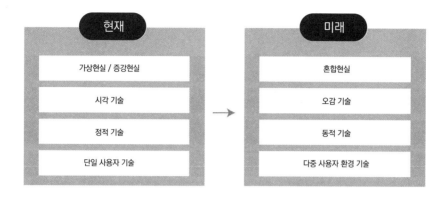

자료: SPRi

AR · VR 기술발전 추세는 가상현실 및 증강현실이 혼합현실로 융합이 되며, 시각 위주 기술이 오감 기술로 확대되고, 정적 기술이 동적 기술로 바뀐다. 또한, 기존에 단일 사용자 기술이었으나 향후 다중 사용자 환경 기술로 발전된다.

미래에는 VR과 AR의 경계를 나누지 않고, 가상현실의 몰입감과 증강현실의 현실 소통에 대한 특징을 융합한 혼합현실이 대두된다. 마이크로소프트는 홀로그래픽 기술을 사용한 안경 기기인 홀로렌즈를 발표하였으며 사용된 기술은 VR 및 AR의 구분이 없다고 설명한다. 또한 인텔은 가상현실의 배경에 현실의 신체나 사물의 이미지를 일부 합성하는 기술로 융합 현

〈도표〉 생활공간 속의 AR·VR 시장

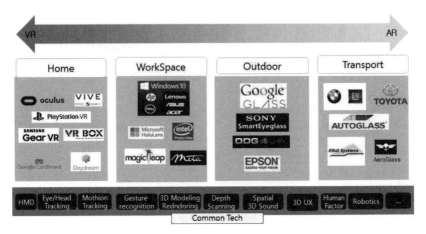

자료: SPRi

실을 제시하고 있다. 모바일 환경에서도 스마트폰 카메라를 이용하여 가상 캐릭터를 현실 환경에 있는 것처럼 보여주는 혼합현실 서비스가 등장할 것이다.

또한 AR · VR은 현재 시각 중심의 기술에서 소리와 촉각 등 인간의 오감을 통해 경험하는 다중 감각 기술로 발전될 것이다. 시각 측면에서는 자연스러운 삼차원 영상을 제공하기 위해 초점 문제 등 인간의 인지 방식을 고려한 기술이 제시될 것이다. 청각 기술은 청취자의 움직임을 반영한 상대적 방향과 속도를 표현하는 기술이 될 것이다.

촉각은 기존에 전용 시뮬레이터로 제공을 했으나, 장갑이나 슈트 등의 웨어러블 기기로 제공될 것이다. 후각과 미각은 발전 속도가 늦어 상용화보다는 실험적인 수준에서 제공되리라 본다. 동적 기술은 앉아 있는 사용자의 시선에 따른 정보와 360도 콘텐츠를 보여주던 정적 기술에서 주변 공간을 인식하고 공간 속의 사용자 위치와 움직임, 행동을 반영하는 동적 기술로 발전될 것이다.

생활공간 속에서 발전할 기술

다중 사용자 환경 기술 측면에서는 기존 기기는 한 명의 사용자가 이용할 수 있었으나 최근에는 복수 사용자가 거리와 상관없이 같은 가상공간에 있는 것처럼 느낄 수 있고 소통할 수 있는 기술로 발전하고 있다. AR · VR 산업은 생활공간 속에서 지속적으로 발전이 될 것이며, 가정, 사무 공간, 야외, 교통 등의 분야에서 능동적으로 활용이 가능하다. 가정에서 AR · VR은 게임, 미디어 등의 콘텐츠 소비에 활용되며 더욱 높은 몰입감과 현장감을 사용자에게 제공할 수 있게 된다.

사무공간에서는 거리에 관계없이 여러 사람들이 3차원 가상 환경에서 공동작업이 가능한 컴퓨팅 플랫폼으로 발전할 전망이다. 교통수단 측면에서는 자동차, 비행기 등의 창문이나 투명한 계기판을 통해 탑승한 교통수단의 정보나 이동 중인 지역과 주변 환경에 대한 관심 정보를 제공하게 된다.

고성능 컴퓨팅 환경을 요구하는 AR · VR 기술은 하드웨어, 네트워크, 소프트웨어의 발전에 따라 더욱 확산될 것이다. AR · VR 산업은 게임, 영상, 교육, 콘텐츠, 체험 등의 분야를 중심으로 성장하다가 헬스케어, 부동산, 쇼핑, 등으로 점차 활용의 범위가 확대 예상된다. AR · VR이 산업혁신의 플랫폼으로 거듭나게 될 날을 기대한다.

TREND 4
구독·언택트…
비즈니스 모델의 진화

잘 나가던 공유경제가 '삐끗'한 이유는?

코로나19 이후 '언택트'가 확산되자 공유에 따른 감염 불안감이 커지고 있다. 따라서 비즈니스 모델도 공유경제에서 구독경제로 흐름이 바뀌고 있다.

미국 포브스지에 따르면 "Z세대는 소유보다 경험을 추구하기에 물건을 소비하는 방식을 소유에서 가입으로 바꾸고 있다"라고 하며 구독경제에 대한 전망을 밝히고 있다. 투자은행 '크레디트 스위스'는 구독경제 시장 규모가 2020년에는 5,300억 달러로 성장할 것을 전망했다.

반면 공유경제로 대표되는 에어비앤비와 우버는 시장규모가 급격하게 감소하는 추세를 보였다. 언택트 확산에 따라 각광을 받을 분야가 바로

O4O 비즈니스 모델이다. 대면 결제가 이뤄지지 않고, 줄을 설 필요가 없는 O4O 서비스가 오프라인에서도 위력을 발휘할 것으로 보인다.

또한 공유경제 및 구독경제를 넘어서 이후 단계에는 경험경제를 기반으로 한 비즈니스 모델이 등장하리라 예견된다. 경험경제는 고객 데이터를 활용하여 제품 및 서비스를 제공하는 것이다. 학습지 회사인 웅진씽크빅은 학습지를 디지털로 전환하여 하루에 1억 건의 학습 데이터를 분석하여 학습경로, 오답 회피 현상, 문항별 난이도와 전국 난이도, 연령별 및 과목별 난이도를 분석한다. AI를 통해 문제에 대한 난이도를 개인화하여 개인별로 실력이 향상되고 정답률이 10% 이상 향상되는 효과를 거두었다.

이러한 경험경제는 화장품 업체에도 적용이 가능하다. 피부 트러블 유형별로 사용자의 경험 데이터를 기반으로 소비자에게 맞춤형 화장품을 처방하여 제공하는 방식이다. 식품도 마찬가지인데, 요즘 식품회사의 화두는 신선식품이지만 향후에는 경험 데이터를 기반으로 한 맞춤형 건강식으로 트렌드가 이동될 것이다.

최근 언택트 추세에 힘을 얻어 성장하고 있는 업체가 코리아센터www.koreacenter.com다. 코리아센터는 언택트 시대에 최적화된 e커머스 플랫폼으로서 e-커머스 토탈 플랫폼, 글로벌 풀필먼트 플랫폼, 쇼핑데이터 플랫폼을 보유하고 있다. 이들은 메이크샵www.makeshop.co.kr 브랜드로 중소사업자가 쉽게 온라인 쇼핑몰 사업을 하도록 도와준다. 코라이센터가 전년도와 비교해 매출이 26%, 영업이익이 203% 증가해서 증권가에서 화재를 불러 일으켰다. 이는 언택트 확산에 따른 온라인 쇼핑몰의 활성화에 기인한다. 따라서 향후에는 언택트 기반의 비즈니스 모델이 확산할 것이다.

'비즈니스 모델은 영원하다'는 것을 증명한 틱톡

최근 미국과 중국의 무역마찰의 하나로 떠오른 것이 바로 틱톡이다. 틱톡은 1분 이내의 짧은 동영상을 공유하는 SNS다. 주로 사용자 연령은 10대 초중반이다. SNS는 페이스북에 이어 유튜브, 인스타그램으로 발전되었다. 인스타그램이 발표된 후, 이제는 더는 SNS의 새로운 장르가 없지 않을까 생각하였다. 그러나 틱톡이 등장하며 비즈니스 모델은 영원하다는 것을 보여주었다. 즉, 비즈니스 모델 역시 고객을 세분화하여 차별화된 가치를 제공하는 세분화 시장을 창출하는 것이다.

그렇다면 비즈니스 모델이란 도대체 무엇인가? 이는 어떤 제품이나 서비스를 어떻게 소비자에게 제공하고, 어떻게 마케팅하며, 어떻게 돈을 벌것인가 하는 계획 또는 사업 아이디어를 의미한다. 이를 요즘 관점으로 말한다면 컴퓨터 및 네트워크 등의 통신기술과 사업 아이디어가 결합된 사업방법이다.

〈도표〉 비즈니스 모델의 구성 요소

Actor(who)	Value(what)	Pricing(how)
· 주체	· 상품	· 소스
· 관계자	· 서비스	· 과금방법
· 관계	· 콘텐츠	· 수익모델

자세히 말하면 기업이 수익을 창출하고 사업을 영위해 가는 방식을 의미하는 것으로서, 누가who 어떤 가치value를 어떤 가격 정책price으로 전달하고, 어떻게 수익을 확보할 것인가를 정의하는 모형이다. 비즈니스 모델에 필수적으로 수반되는 것이 있는데 바로 수익모델profit model이다. 이는 인터넷을 이용해 상품 또는 서비스를 유통하고 이를 바탕으로 수익을 얻는 것으로 상거래 모델, 이용료 모델, 제휴 수수료 모델, 광고 모델, 회비 모델, 가격 지향성 모델, 편의 · 신속형 모델, 맞춤 상품 모델이 대표적이다.

일반적으로 비즈니스 모델은 인터넷 등장과 함께 출발했다. 그러나 디지털 시대가 등장하면서 비즈니스 모델도 변화했다. 디지털 시대의 비즈니스 모델은 에어비앤비 및 우버 같은 공유경제, 넷플릭스와 같은 구독경제, 긱경제 등의 패턴화된 비즈니스 모델 유형이 등장하기도 하였다.

최초의 비즈니스 모델은 프라이스라인이 1998년 8월 미국 특허청으로

부터 취득한 소위 '역경매reverse-auction' 관련 특허라고 한다. 1998년 파울 티머스Faul Timmers는 논문 〈Business Model for Electronic Markets〉에서 11개의 비즈니스 모델 유형을 제시하였다. 폴 티머스는 비즈니스 모델 유형은 다음과 같다.

① 상점형 모델E-Shop

② 조달형 모델E-Procurement

③ 몰형 모델E-Mall

④ 경매형 모델E-Auction

⑤ 정보 중개형 모델Info Brocker

⑥ 보안인증 모델Trust Provider

⑦ 가치사슬 서비스 제공 모델Value Chain Service Provider

⑧ 가상 커뮤니티 모델Virtual Community

⑨ 협력 플랫폼 모델Collaboration Platform

⑩ 제3 장터Third Party Marketplace

⑪ 가치사슬통합 모델Value Chain Integrator

2010년 알렉산더 오스터왈더Alexander Osterwalder는 《비즈니스 모델의 탄생》이란 책을 통해 '비즈니스 모델 캔버스'를 제시하였다. 이는 비즈니스 모델을 9가지 요소로 구분 짓고 있다. 비즈니스 모델을 구성하는 아홉 가지 요소는 다음과 같다.

① 고객 세분화customer segment : 상품이나 서비스를 제공하고자 하는

　　고객 집단

② 고객 가치제안value proposition : 고객의 문제를 해결하는 것과 고객의

　　욕구를 만족시키는 것

③ 유통 채널channel : 가치제안이 커뮤니케이션, 유통, 세일즈 채널을

　　통해서 고객에게 전달되는 것

④ 고객관계 형성customer relationships : 고객을 창출하고 유지하는 것

⑤ 수익모델revenue : 가치제안을 고객에게 성공적으로 제공하여 얻게

　　된 결과

⑥ 핵심 자원key resource : 고객에게 가치를 제공하고 전달하는 데 필요

　　한 자원

⑦ 핵심 활동key activities : 고객에게 가치를 제공하고 전달하기 위해 수

　　행하는 활동

⑧ 파트너십key partnerships : 기업 외부에서 조달하거나 획득할 수 있는 것

⑨ 비용cost structure : 조직의 활동에 필요한 비용

최근에는 비즈니스 모델을 설명할 때 비즈니스 모델 캔버스를 활용하

는 것이 일반적인 추세다.

〈도표〉 비즈니스 모델 캔버스

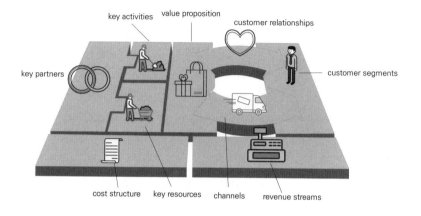

자료: 알렉산더 오스터왈더·예스 피그누어, 《비즈니스 모델의 탄생》

1세대: 공유경제

공유경제는 2008년 미국 하버드대 법대 로런스 레식Lawrence Lessig 교수에 의해 처음 사용된 말로, '한번 생산된 상품을 여럿이 공유해 쓰는 협력 소비를 기본으로 한 경제 방식'을 말한다. 대표적인 사례로는 승용차를 공유하는 우버, 숙박시설을 공유하는 에어비앤비 등이다. 공유경제의 대상은 가격이 비싸지만, 활용률이 높지 않은 것을 대상으로 할 수 있다. 이러한 사례는 별장, 요트, 한복, 여성 정장, 명품 가방, 자동차, 장난감, 도서, 주방, 오피스 등과 같은 것이다.

에어비앤비airbnb는 2008년 창립된 숙박 공유 플랫폼이다. 현재 191개 국가, 3만 4,000개 이상의 도시에 진출해있으며, 이용한 사람만 6,000만 명이 넘는다. 이들의 서비스는 자신의 집을 상품으로 내놓고 여행객들에게 숙소를 빌려주는 개념이다. 여행객은 여행지와 기간을 입력하면 대상 숙소의 목록이 나온다. 대상 숙소를 선택한 후에 숙소의 사진을 보고, 숙소 정보와 이용규칙을 검토한 후에 이용자 후기를 읽고서 마음의 결정을 하게 된다.

에어비앤비를 통해 게스트가 얻는 이득은 호텔보다 저렴하게 숙소를 이용할 수 있으며 지역주민의 생활을 경험할 수 있다는 것이다. 에어비앤비는 안전한 거래를 위한 제도적 장치를 제공한다. 여행객이 숙소를 예약할 때 에어비앤비를 통해 숙박 대금을 지불하고, 집주인은 게스트가 체크인하고 24시간 후에 에어비앤비를 통해 숙박 대금을 받는다. 또한 에어비앤비 호스트 보호 프로그램을 통해 절도와 기물파손으로 인한 피해를 보상받을 수 있다. 에어비앤비는 게스트로부터 6~12%, 호스트로부터 3%의 거래 수수료를 받는 것이 수익 모델이다.

우버는 스마트폰을 통해 승객과 운전기사를 연결해 주는 플랫폼이다. 미국의 경우 자가용 운행률이 8% 정도라고 한다. 따라서 우버는 자가

〈도표〉 에어비앤비 비즈니스 모델

용을 영업용으로 활용할 수 있고, 고객에게는 저렴한 운임으로 서비스가 가능하다.

한편 세계 최대 공유 자전거 업체인 중국 오포ofo는 하루 사이에 흔적도 없이 사라졌다. 오포가 자전거 제조업체와 고객에게 돌려주지 못한 돈은 20억 위안약 3,408억 원에 달한다. 이는 "제대로 된 수익 모델 없이 아이디어와 투자금만 믿고 공격적으로 사업을 확장해온 공유경제의 현실이자 예견된 비극"으로 평가된다. 소프트뱅크 손정의 회장이 투자한 공유 오피스 위워크 역시 추락의 비극을 맞고 있다. 이처럼 공유경제는 비즈니스 모델의 한계 및 언택트 확산과 맞물려 인기가 시들해지고 있다.

우버의 비즈니스 모델 캔버스

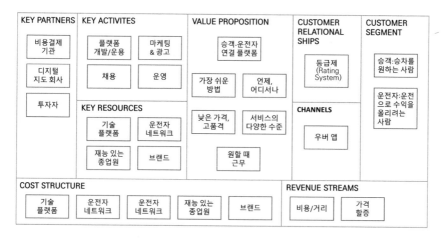

자료: Strategyzer

2세대: 구독경제

구독경제는 일정 금액을 지불하면 사용자가 원하는 상품이나 서비스를 공급자가 주기적으로 제공하는 유통 서비스다. 구독경제의 대표적인 사례는 신문 및 잡지 구독, OTT 분야의 넷플릭스, 멜론 등의 음악 스트리밍 서비스 등이 있다. 구독경제 모델은 정기배송 방식^{신문, 잡지, 화장품, 식음료, 반찬 등}, 렌털 방식^{정수기, 비데, 안마의자}, 무제한 이용방식^{영화, 음악 스트리밍 서비스}, 수령형 서비스^{커피, 식당}이 있다.

최근에는 명품의류, 승용차, 꽃 정기배송, 반려동물 렌털 등으로 서비스 품목이 다양해지고 있다. 구독경제의 대표적인 사례 OTT는 인터넷을 통해 볼 수 있는 TV 서비스를 의미한다. 여기서 Top는 셋톱박스를 의미하지만 이와 무관하게 인터넷 기반의 동영상 서비스를 포괄하는 의미로 사용된다. 따라서 OTT 서비스는 넷플릭스, 애플TV, 유튜브 등이 있다.

요즘 인기 있는 식음료 서비스로는 뚜레쥬르가 1만 9,900원을 내면 한 달간 매일 커피^{아메리카노} 한 잔씩 사 마실 수 있는 서비스 및 한 달 7,900원에 주 1회 프리미엄 식빵을, 4만 9,500원에 매일 커피와 샌드위치로 구성된 모닝 세트를 제공한다. 또한 현대그린푸드 '그리팅'은 저당식이나 다이어트식 등 영양 식단을 이틀에 한 번 새벽에 배송한다.

'젊은' 기업들이 보이는 '젊은' 비즈니스 모델들

긱경제는 산업현장에서 필요에 따라 사람을 구해 임시로 계약을 맺고 일을 맡기는 형태의 경제 방식이다. 노동자 입장에서는 어딘가에 고용돼 있지 않고 필요할 때 일시적으로 일을 하는 '임시직 경제'를 가리킨다.[2] 이는 대부분 전문직을 대상으로 한다. 긱경제는 디지털 노마드들이 참여를 하며, 위워크리모틀리 웹사이트를 통해 구직을 하게 된다. 국내에도 이랜

〈도표〉 OTT 서비스 구현과정

서www.elancer.co.kr는 IT 인력을 대상으로 플랫폼을 운영하며, 최근에 등장
한 휴넷의 탤런트뱅크는 고급인재 렌트 플랫폼을 오픈하였다.

O2O^Online to Offline는 온라인과 오프라인이 결합된 비즈니스 모델이
다. 대표적인 서비스가 '배달의민족'이다. 이는 온라인으로 고객을 모으고,
오프라인을 통해 상품·서비스를 제공한다. 다음 카카오 역시 O2O 서비스
를 지향하고 있다. 카카오톡 고객을 기반으로 카카오택시를 운영하는 것이
다. 스타벅스는 매장에 가기 전에 미리 주문과 결제를 마치고 매장에 가서
는 바로 커피를 들고 나올 수 있는 '사이렌 오더^Siren Order' 서비스를 2014

〈도표〉 긱경제 비즈니스 모델

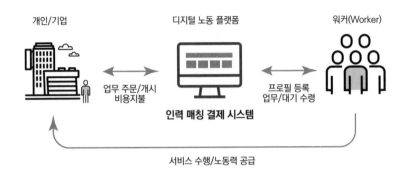

자료: Staffing Industry Analysts(2018) 재구성

년 한국에서 시작했다. O4O^{Online for Offline}는 온라인에서 축적한 기업의 데이터를 상품 조달, 큐레이션 등에 적용해 오프라인 매장에서 구현하는 것이다. O4O의 대표적인 사례는 아마존이 운영하는 무인점포인 아마존 GO가 될 것이다. 국내 대표적인 숙박 중개 플랫폼 '야놀자'는 오프라인 숙박 시장에 진출해 무인 숙박시설 '코텔'을 만들었다.

다양한 디지털 비즈니스의 기반은 '5G'

비즈니스 모델은 공유경제, 구독경제, 긱경제, O2O/O4O 이외에도 다양한 모델이 있다. 이에 대해 알아보기로 하자. 킥스타터Kickstsrter.com는 크라우드 펀딩 서비스이다. 개인·기업이 상품 아이디어, 모금 목표액, 개발 완료 예정 시점 등을 제시하면 프로젝트 지지 회원이 후원자로 나서는 시스템이다.

퀄키Quirky.com는 공동제작 플랫폼·온라인 숍이다. 공동 창조 플랫폼에 참여한 사람에게는 아이디어료로 99달러를 지불한다. 디자이너 커뮤니티에서 선정이 되면 제품 개선 및 공동 디자인 작업에 참여한다. 공급사는 제품 구매 요청자가 최소수를 상회하면 생산을 개시한다. 매출이 발생하면 30% 이익은 최초 아이디어 제안자, 30%는 참여한 사람들의 기여도에 따라 분배한다.

'인 앱 구매In—Apps sales' 비즈니스 모델은 일종의 교차판매 전략이다. 무료 게임이나 앱을 사용토록 하여 탐닉하게 되면 기타 부가적 제품을 구매하게 된다. 이는 가상 제품의 실제 가치 인식을 줄이려는 의도로 중간 신용 시스템을 사용한다.

또한 향후 블록체인 기반의 비즈니스 모델이 활성화될 것으로 기대가 된다. 블록체인 기반의 부동산 거래 플랫폼, 유기농 식품 이력·거래 플랫폼, 육류 유통 플랫폼, 맞춤형 개인 건강관리 플랫폼 등이다. 유기농 식품 유통의 블록체인 적용은 최근 화두가 되고 있다. 유기농 채소 재배 농장이 실제로 유기농 비료 및 유기농 농약 등 유기농 재배를 위한 원부자재를 구입했는지의 여부를 블록체인을 통해 검증할 수 있기 때문이다. 일본 미야 자키 현이 블록체인 기술 기반 유기농 채소 품질 관리 시스템을 구축한 것이 대표적인 사례다.

디지털 기술 중에 앞으로 각광을 받을 분야로 5G도 빠질 수 없다. 5G가 확산되면 디지털 인프라 변화에 따른 새로운 생태계가 조성된다. 그러므로 자율주행차, 스마트시티, 사물인터넷, 가상현실의 활용이 고도화될 전망이다. 이에 따라 새로운 비즈니스 모델이 등장할 것이다. 따라서 홀로그램 통화, 원격 트레이너 운동 자세 교정, 360도 AR 콘텐츠, AR 쇼핑 등의 비즈니스 모델이 가능할 것이다.

블록체인

블록체인이 가져올 변화의 본질은 거래 승인 권한과 정보의 민주화democratization로 요약할 수 있다. 이는 강력한 제3의 공인기관이나 중개자의 개입 없이 투명하고 안전한 직접거래를 가능하게 한다는 말이다. 안전한 시스템에 의한 자율적 권한 위임이 가능하므로 거의 실시간 승인이 가능해지고 정보는 네트워크 참여자들 모두에게 공개·보관·관리되므로 시스템의 신속성·안전성·투명성·경제성 등 사용자들의 편익을 제고시키는 효과를 가져다준다.

실제로 스페인의 산탄데르은행, 스위스의 UBS 등 7개 국제은행은 위에서 언급한 바 있는 리플을 적용하여 블록체인 기술을 토대로 국가 간 금융거래 결제에 나서기로 합의했다. 이러한 효과가 비트코인 활성화에 따라 입증되자 블록체인은 현재 미래 금융산업 분야에서 가장 활발하게 적용할 움직임을 보여준다.

우선 당장 국제송금의 경우 평균 수수료를 10분의 1 수준으로 절감하면서 실시간에 가까운 서비스가 세계 어느 곳에서나 가능할 것으로 기대하고 있다. 소액결제의 경제성이 블록체인 기반의 가상화폐로 확보된다면 소비자들의 온라인 콘텐츠 소비 행태에도 큰 변화가 일어날 수 있을 것이며, 스팸 메일의 효과적 억제 수단으로 활용될 수도 있을 것이다.

또한, 정부의 행정서비스 영역에서도 블록체인 기반의 기록시스템이 도입될 경우 출생·사망·결혼 신고 및 토지, 기업등기 같은 기능에서 공공서비스의 획기적 개선과 공유가 가능해질 것이다. 상업적으로도 블록체인에 '스마트 계약' 기능을 접목한다면 사전에 합의된 조건에 따른 일체의 후속 절차가 한 치의 오류도 없이 이행되도록 통제할 수 있을 것이며 이는 불필요한 비용과 법적 분쟁을 최소화시킬 것이다. (권병일,《디지털 트랜스포메이션》참고)

일반적으로 사무업무의 30%가 서류를 확인하고 진위를 대조하는 업무라고 한다. 블록체인이 확산되면 고용분야에 지각 변화가 일어날 것이다. 흔히 양주, 명품시계, 명품 가방, 백화점 상품권 등은 위조의 대상이 되기 쉽다. 따라서 이러한 상품의 제조 및 유통에 블록체인을 적용한다면, 상품 유통에 신뢰성이 향상될 것이다.

국내에서도 블록체인에 관련된 사업이 활발하게 추진되고 있다. 선하증권 및 무역대금 운용을 위한 블록체인 플랫폼한국무역정보통신, 블록체인 기반의 모바일 신분증한국정보화진흥원, 블록체인 기반의 부동산 거래 플랫폼한국정보화진흥원, 블록체인 기반 마켓플레이스 시스템한국전자통신연구원, 블록체인 기반의 행정 서비스서울시, 경상남도, 블록체인 기반 식품이력 추적관리식품의약품안전처, 블록체인 기반 환자 및 의료진의 협업 워크플로우 서비스 포털한국전자통신연구원 등이 최근에 추진되는 사업이다.

TREND 5
모든 것의 시작과 끝에는 플랫폼이 있다

빅4의 공통점은 '플랫폼 기업'

디지털을 이야기할 때 '플랫폼'은 '산업 생태계'에 가까운 뜻을 의미하게 되었다. 애플, 구글, 아마존, 페이스북 등 디지털 시대를 주도하는 빅4 역시 플랫폼이다. 국내에서도 네이버, 카카오톡, 배달의 민족 등이 플랫폼으로 자리 잡고 있으며 공공분야에서도 혁신상품 공공조달 플랫폼, 아이디어 거래 플랫폼, 스마트 직업훈련 플랫폼 등이 있다.

언택트 열풍에 힘입는 카카오가 올해 2분기 역대 최고의 실적을 올렸다. 네이버 및 카카오 등 플랫폼의 금융진출이 활발해 지면서, 플랫폼들이 우월적 지위를 남용할 우려가 제기됐다. 판매 채널을 잃은 금융사들이 과

도한 위험을 추구할 것으로도 우려되고 있다. 공정거래위원회는 온라인 플랫폼 사업자가 구사하는 ▲입점 업체가 동시에 여러 플랫폼을 이용하는 것을 막는 '멀티호밍' ▲다른 플랫폼보다 저렴한 가격에 판매하도록 요구하는 '최혜국 대우 요구' 방식 ▲자사의 서비스를 타사 서비스보다 우대하는 '자사 우대' 방식 등 영업 전략을 집중적으로 들여다볼 예정이다. 이는 플랫폼의 갑질을 막겠다는 것이다.

애플, 디지털 플랫폼을 만들다

2001년 애플은 디지털 오디오 플레이어 아이팟을 탄생시켰다. 아이팟 이전의 MP3 플레이어는 모두 단순한 전자제품이었다. 하지만 아이팟은 'iTunes Music Store'를 통해서 MP3 음원을 유료로 구매할 수 있었다. 드디어 플랫폼을 통해 디지털 콘텐츠를 거래하게 된 것이다. 2007년 애플은 최초의 스마트폰 아이폰을 출시하였다. 아이폰 역시 일반적인 휴대폰이 아니다. 아이폰은 앱이라는 응용 프로그램을 설치할 수 있으며, 이는 앱 개발자들이 프로그램을 개발하여 온라인 콘텐츠 장터인 '앱스토어'에 등록을 하고, 사용자는 이를 구매해서 사용하는 방식이다. 앱스토어에는 170만 개의 앱이 등

〈도표〉 애플 플랫폼 구성

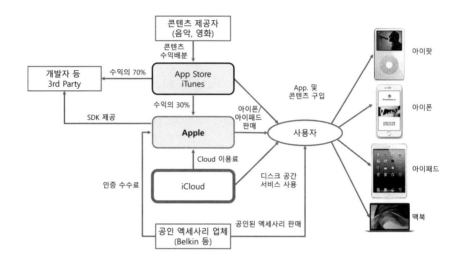

록되어 있다. 또한, 앱스토어는 사용자가 아이팟, 아이폰, 아이패드, 맥북의 데이터를 공유하기 위한 아이클라우드를 제공하고 수수료를 받는다. 이처럼 애플은 최초로 디지털 플랫폼을 구현하고 공급자와 사용자 간의 앱·콘텐츠 마켓플레이스를 통해 생태계를 이루게 된다. 결과적으로 노키아는 애플보다 스마트폰 시장에 먼저 진출했음에도 플랫폼 운영체제의 경쟁력이 애플에 밀려 패퇴하고 말았다.

게임 플랫폼, 배달 플랫폼… 저마다 생태계를 이루다

플랫폼은 기차를 타고 내리는 승강장을 의미한다. 다시 말해서 기차역과 기찻길이라는 인프라가 있어서 기차들이 그 위를 운행할 수 있다면 생태계가 형성될 것이다. 애플의 사례처럼, 앱스토어를 통해서 공급자들이 소프트웨어와 콘텐츠를 제공하고 사용자들이 이에 대한 다운로드를 통해 활용하는 생태계가 디지털 시대의 플랫폼이다. 그런 의미로 디지털 시대를 주도하는 애플, 구글, 아마존, 페이스북 역시 플랫폼 사업자다.

이들은 플랫폼을 기반으로 응용 프로그램과 콘텐츠 유통을 통해 디지털 생태계를 이루고 있다. 10년 전의 빅4는 마이크로소프트, 인텔, 시스코, 델이었다. 그들은 소프트웨어, CPU, 통신장비, PC를 공급하는 거대한 제조업체였지만 공급자와 사용자를 연결해 주는 플랫폼 개념은 존재하지 않았다. 디지털 시대에서는 단순한 제조업체의 존재감은 사라지고, 생태계를 형성하는 플랫폼이 주역으로 떠오른 것이다.

도시에 기차역이 생기면, 주변에 백화점, 식당, 숙박시설, 버스 환승센터 등이 생긴다. 이는 기차역을 통해 왕래하는 이용자들을 위해 필요한 추가적인 인프라다. 이렇게 플랫폼 요소들은 생태계를 이루며, 복잡한 경제활동을 영위한다.

마찬가지로 애플은 아이팟, 아이폰, 아이패드, 맥북을 앱스토어와 엮어서 플랫폼을 형성했다. 애플 플랫폼에는 수억 명의 사용자가 접근한다. 따라서 이 플랫폼에는 앱과 콘텐츠 공급자, 디바이스 판매 업체, 공인 엑세사리 업체, 디바이스 수리업체 등이 모여 인프라를 형성하고 경제활동을 하는 거대한 생태계를 이루게 된다. 아날로그 시대의 플랫폼은 기차역, 백화점, 부동산 중개업소 등이 해당된다. 디지털 시대에는 다양한 플랫폼이 등장한다.

- 게임 플랫폼 — XBOX, 플레이스테이션, 스토브 VR
- 인터넷 서비스 플랫폼 — 유튜브, 페이스북, 네이버, 카카오톡
- 전자상거래 플랫폼 — 아마존, 알리바바, 쿠팡
- 크라우드 플랫폼 — 크라우드 소싱, 크라우드 펀딩
- 가상화폐 — 비트코인, 이더리움
- 공유경제 — 우버, 에어비앤비
- 배달 앱 — 배달의 민족, 요기요
- 공공 플랫폼 — 스마트시티

20세기 말에 등장한 벤처기업은 기술을 기반으로 혁신적인 제품·서비스를 제공하는 것이 목표였다. 그러나 21세기 초에 등장한 스타트업은 플랫폼을 기반으로 시장의 지배자가 되고, 유니콘으로 등극하는 것을 목표

로 하는 경우가 일반적이다.

디지털 시대에 등장한 플랫폼은 공통된 특징이 있다. 첫째, 공급자와 수요자를 연결하는 마켓플레이스marketplace 기능을 제공한다. 둘째, 시장 확대 전략이다. 이를 위해서는 많은 공급자를 확보해서 많은 사용자가 모이게 하거나, 많은 사용자를 확보해서 많은 공급자를 모이게 해야 한다. 따라서 초기 투자비로 플랫폼을 개발하고, 추가적으로 투입된 자금을 공급자 또는 사용자 확보를 위해 사용을 한다.

셋째, 플랫폼은 단일 업체만 시장에서 살아남는다. 그러므로 승자독식 시대의 플랫폼은 더 좋은 제품·서비스 제공을 하고, 공급자·사용자 규모를 확대해야 한다. 넷째, 플랫폼은 '3rd Party' 사업을 확대해야 한다. 카카오톡은 카카오뱅크, 카카오페이, 카카오스토리, 카카오택시 등으로 사업을 확대해서 수익성을 향상시켰다.

다섯째, 플랫폼은 '3rd Party'를 위해 개발도구SDK, Software Development Kit or DDK, Device Development Kit를 제공하며, 분석을 위한 데이터를 제공하고, 플랫폼 연결을 위한 APIapplication programming interface를 개방해야 한다. 여섯째, AI·빅데이터를 활용한 분석 엔진 확보를 통해 고객·거래 데이터를 분석한다. 이러한 분석을 통해 플랫폼은 인사이트를 얻게 되고, 보다 우수한 서비스를 제공하여 플랫폼의 경쟁력을 강화시킨다.

넷플릭스는 '아마존'을 기반으로 움직인다

요즘 플랫폼은 모든 분야에 적용이 되고 있다. 우리는 플랫폼에 대한 보다 깊은 이해를 돕기 위해서 대표적인 플랫폼에 대해 알아볼 필요가 있다. 스마트 시대를 만든 애플의 스티브 잡스Steve Jobs가 공을 들인 플랫폼이 있다. 그것은 바로 디지털 교과서 '아이북스iBooks'이다. 이는 아이패드를 디지털 교과서로 활용하기 위한 것이다. 'iBooks Author2'는 출판사나 교사들이 맥 컴퓨터에서 아이북스용 디지털 교과서를 제작할 수 있는 멀티터치 e-Book 제작도구이다. 제작된 디지털 교과서는 'iBooks Store'에 등록하고, 다른 교사나 학생들은 검색을 통해 다운로드 할 수 있으며, 이를 활용하여 수업 자료로 교육 현장에서 사용할 수 있다. iBooks는 텍스트 · 오디오 · 이미지 · 동영상 등의 다양한 매체를 탑재할 수 있어서 입체적인 디지털 교과서가 되는 것이다.

산업 분야에도 플랫폼 활용이 적극적이다. GE는 산업용 사물인터넷 IIoT의 하나인 디지털 트윈Digital Twin을 만들었다. 이는 설비의 운영 데이터를 기반으로, 문제를 예측하고 대응하기 위해 공학적 분석을 하는 인공지능이다. 또한, 물리적 자산을 대신하여 소프트웨어로 가상화한 자산은 디지털 트윈을 통해 시뮬레이션 함으로써 실제 자산의 특성인 현재 상태 · 생산성 · 동작 시나리오에 대한 정확한 정보를 얻을 수 있으며, 기계를 계속

〈도표〉 디지털 교과서 iBooks 비즈니스 모델

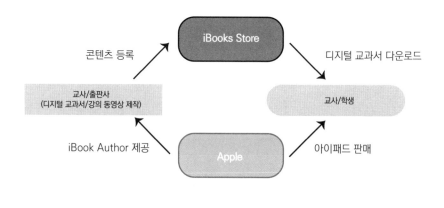

가동을 할지 아니면 정비를 해야 할지를 판단해 준다.

　디지털 트윈은 발전소 · 항공기 · 헬스케어 등의 분야에서 자산의 최적
화, 돌발사고 최소화, 생산성 증가 등을 통해 설비의 효율적 운영을 가능하
게 한다. 이러한 디지털 트윈은 복합사이클 발전소에서는 물리 모델인 가
스터빈 및 스팀터빈으로부터 공장 운영 데이터와 기상 예측을 바탕으로 연
료 효율성 증대를 가져오며, GE90 항공기 엔진의 물리 모델인 S1 블레이
드와 코팅으로부터 운항 데이터 · 운항할 때의 환경 조건 · 손상 관련 데이
터를 통해 최적화된 점검 스케줄을 얻어낸다.

　최근에 디지털 측면에서 강조되는 것은 '클라우드 컴퓨팅 솔루션'이다. 이
는 아마존 웹 서비스^{AWS, Amazon Web Service}가 대표적이다. AWS는 컴퓨팅, 스토

〈도표〉 항공기 엔진의 디지털 트윈 적용 개념

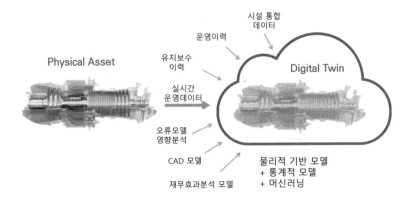

자료: geoilandgas.com

리지, 데이터베이스와 같은 인프라 기술부터 기계 학습 및 인공지능, 데이터 레이크 및 분석, 사물 인터넷 등의 새로운 기술까지 많은 서비스와 서비스 내 기능을 제공한다. 이를 통해 더 빠르고, 쉽고, 경제적으로 기존 애플리케이션을 클라우드로 이동하고, 상상할 수 있는 거의 모든 것을 구축할 수 있다.

AWS 서비스를 사용하면, 인사, 회계, 영업관리 등의 어플리케이션뿐만 아니라, 빅데이터, 머신러닝, IoT, 화상회의 등 거의 모든 업무를 구축할 수 있다. AWS는 기업뿐만 아니라 학생들도 무료로 체험을 할 수 있도록 개방되어 있다. 또한, 손쉽게 구축하도록 AWS 구축을 전담하는 솔루션 업체도 등장하였다.

대표적인 사용 사례를 들어보자. 1억 3천만 명에게 비디오 스트리밍을 제공하는 넷플릭스는 7년에 걸쳐 AWS를 기반으로 클라우드 컴퓨팅 전환을 하였다. 독자들은 AWS에 대한 이해를 돕기 위해 사이트에 직접 방문해 볼 것을 권유한다. 이외에도 AWS를 적용한 조직은 NASA, 다우존스, 어도비시스템즈, 에어비앤비, 포스퀘어 등이 있으며, 한국에선 삼성, 아모레퍼시픽 같은 대기업부터 요기요, 데브시스터즈, 프로그램스, VCNC 같은 스타트업까지 다양하다. 클라우드 컴퓨팅 솔루션 업체는 마이크로소프트 애저Azure, 구글, IBM 클라우드 등이 있으며, 국내에는 삼성SDS 클라우드, 네이버 클라우드 플랫폼이 대표적이다.

국내 플랫폼이 따라야 할 '롤모델'은 누구인가

플랫폼의 열기는 국내에서도 역시 뜨겁다. 국내의 대표적인 플랫폼은 '배달의민족'이다. 배달의 민족은 배달 주문 서비스 플랫폼이다. 이는 식당이 손님을 위한 식탁 없이 주방만 운영하면서도 영업을 할 수 있는 장점이 있다. 주문과 배달 업무는 플랫폼에서 대행하는 것이다. 가맹점은 매월 입찰을 통해서 메뉴 검색 시 우선적인 혜택을 받는다. 고객은 인근 식당에서 다양한 메뉴를 검색할 수 있다. '배민 라이더'는 플랫폼을 통해 배달 업무를 배정받는다. 배달의민족이 플랫폼의 기능을 수행하는 것은 가맹점, 고객, 배민 라이더가 생태계를 이룰 수 있다는 점이다.

〈도표〉'배달의민족' 비즈니스 모델

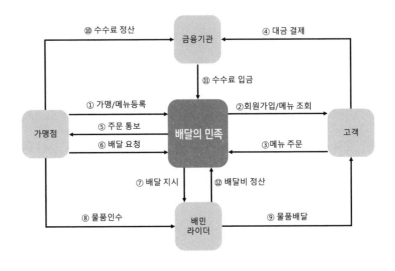

또 다른 대표적 플랫폼으로 네이버와 카카오를 고를 수 있다. 이들은 초기에 단순한 비즈니스 모델로 출발했으나, 점점 진화를 거듭하면서 명실상부한 플랫폼으로 등장했다. 네이버는 초기에 뉴스, 메일, 카페, 블로그, 지식iN 등으로 사용자를 확보하였다. 현재는 쇼핑, Pay, TV, 지도, 부동산, 웹툰 등 다양한 채널을 가동하며 플랫폼으로 역할을 수행한다. 카카오는 초기에 메신저 '카카오톡'으로 출발하였으나 현재는 카카오스토리, 카카오뱅크, 카카오택시 등 다양한 서비스 플랫폼을 이루고 있다. 이밖에도 대표적인 플랫폼으로는 전자책 분야의 '밀리의 서재', 음원 스트리밍 서비스 분야의 '멜론', 숙박 분야의 '호텔스닷컴' 등이 있다.

〈도표〉 스마트 직업훈련 플랫폼 구성도

공공분야에서는 플랫폼 구축이 활발하게 진행되고 있다. 대표적인 공공 플랫폼으로는 빅데이터 플랫폼, 혁신 상품 공공 조달 플랫폼, 국토정보 플랫폼, 식품외식산업 자원 공유 플랫폼, 공영주차장 통합 관리 플랫폼, 특허청의 아이디어 거래 플랫폼, 국가 인재개발 지능형 오픈 플랫폼, 이러닝을 위한 K—MOOC 플랫폼, 스마트 직업훈련 플랫폼, 국민 안전교육 플랫폼, 디지털 트윈을 적용한 스마트시티, 여행 플랫폼, 블록체인 기반의 부동산 거래 플랫폼, 일자리 매칭 플랫폼 등이 구축되거나 구축 중이다.

플랫폼의 확산 과정은 ① 차별화 기술 및 서비스 제공 ② 유의미한 이용자 수 확보 ③ 수익모델 발굴 및 확장 ④ 가치사슬 확장으로 발전된다. 현재

〈도표〉 GE 비즈니스 플랫폼

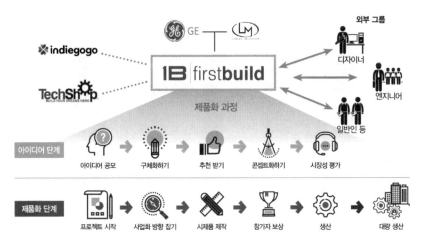

자료: 한국무역협회, 〈다시 뛰는 미국 제조업, 플랫폼 전략을 통한 혁신〉

의 대부분 플랫폼은 수익모델 발굴 및 확장 단계다. 향후 주목되는 것은 가치

사슬 확장을 통한 다각화다. 구글은 모토로라 인수로 단말기 영역에 진출하며,

페이스북은 자체 스마트폰 제조를 추진 중이고, 아마존은 전자책 리더기 제조

를 하게 된다.[3]

플랫폼의 향후 발전 방향에 주목을 받는 것은 GE 비즈니스 플랫폼이다. 이

는 새로운 상품을 제품화하는 플랫폼이다. 여기서 클라우드 소싱을 통해 아이

디어를 공모하고, 구체화하고, 추천을 받으며, 콘셉트화를 통해 시장성 평가를

받는다. 또한, 제품화 단계에서는 클라우드 펀딩을 통해 프로젝트 착수, 사업화

방향 잡기, 시제품 제작, 참가자 보상, 생산, 대량생산의 단계를 거치게 된다.

〈도표〉 아마존 플랫폼 모델 체계

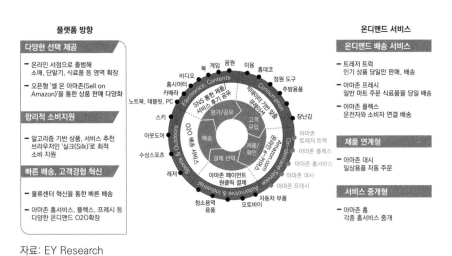

자료: EY Research

현재 가장 완벽하게 평가되고 있는 아마존 모델은 플랫폼들이 지향하는 궁극적인 방향이다. 아마존 플랫폼은 ① 고객 유인: 빅데이터 기반의 맞춤 큐레이션 ② 제품 확인: amazon.com을 통한 온라인 전자상거래 ③ 결제 선택: 아마존 페이먼트 원클릭 결제 ④ 배송: O2O 배송 서비스 ⑤ 평가·공유: SNS를 통한 제품 및 서비스 후기 공유의 다섯 단계로 구성된다.

아마존 모델은 플랫폼 방향 측면에서 다양한 선택 제공, 합리적 소비지원, 빠른 배송 및 고객경험 혁신과 온디맨드 서비스 측면에서 온디맨드 배송 서비스, 제품 연계형, 서비스 중계형을 제공한다. 따라서 기존의 다양한 플랫폼들이 앞으로는 아마존 플랫폼 모델을 지향하게 될 것이다.

플랫폼의 등장

1994년 아마존의 온라인 서점은 인터넷 플랫폼의 초창기라고 할 수 있다. 2008년 등장한 애플의 앱스토어는 디지털 플랫폼의 출현이다. 아이폰의 판매 호황에 힘입어 애플이 마이크로소프트의 시가총액을 앞지르게 되자 사람들은 제조업에서 플랫폼으로 패러다임이 전환된다는 것을 인식하게 되었다. 2006년 아마존은 아마존 웹 서비스를 설립했다. 이 회사는 클라우드 서비스를 제공하는 플랫폼이다. AWS는 대량의 서버, 스토리지, 네트워크 장비를 설치하고 사용자에게 인프라를 대여해 주며, 동시에 응용 프로그램을 신속히 개발할 수 있는 소프트웨어를 제공한다. 이후에 마이크로소프트는 애저Azure, 구글은 GCP를 출시하여 AWS와 경쟁을 한다. 2008년에는 숙박 공유 플랫폼인 우버가 창립되었다. 이어서 2009년 트레비스 캘러닉Travis Kalanick은 '모바일 버튼 하나로 택시를 부를 수 있을까'로 시작된 그의 아이디어는 '모든 운전자를 기사로 만들겠다'는 구상으로 나아갔고 현재의 우버 플랫폼을 등장시켰다. 요즘은 전통적인 제조·서비스 산업이 플랫폼으로 전환이 되고 있다. GE는 IIoT인 디지털 트윈을 제공하고 있다. 테슬라는 전기차를 기반으로 충전 인프라, 태양열 발전 등의 플랫폼으로 진화가 되고 있다. 아마존 e-북 킨들은 전자책 플랫폼으로 확고한 위치를 굳혔다. 인공지능 스피커인 아마존의 알렉사, 구글 홈, 애플 시리 역시 플랫폼으로 발전되었다. SNS의 페이스북, 유튜브 역시 플랫폼이다. 국내의 네이버, 카카오톡, 배달의 민족 역시 플랫폼으로 진화를 했다.

아마존 온라인 서점을 열다

아마존은 제프 베조스Jeff Bezos가 1994년 시애틀에 설립한 IT 기반 전자상거래 업체이다. 아마존은 최초로 온라인 서점을 오픈했다. 초기의 아마존은 출판사 및 유통업체로부터 도서를 공급받아 소비자에게 판매하는 비즈니스 모델을 가졌다. 고객이 인터넷으로 도서를 주문하면, 아마존은 출판업자·유통업체에 주문하고, 배송업체를 통해 도서를 고객에게 전달하는 모델이다.

아마존은 400만 권의 서적을 취급하며, 서적에 대한 개요, 독자 리뷰, 자체 평가 등급별점을 제공하여 구매자에게 도서 간의 비교를 하고 정확한 구매 의사결정을 내릴 수 있도록 정보를 제공한다. 오프라인 최대 서점인 반스앤노블Barnes & Noble은 매장에 한정된 책을 진열해야 하므로 매출 상위 20% 위주로 책을 전시하게 된다. 그러나 아마존은 거의 모든 서적을 구비하고 있다. 이는 오프라인 서점이 상위 20%의 도서를 판매함으로써 시장점유율 80%를 점유하는 반면에 아마존은 매출 하위 80%의 서적을 판매함으로써, 시장점유율 20%를 손쉽게 독식할 수 있는 장점 있다.

이는 새로운 경제 패러다임인 '롱테일Long Tail 법칙'을 적용한 것이다. 또한, 아마존은 추천시스템을 통해 고객에게 새로운 도서를 추천한다. 이것은 일반화된 비즈니스 모델로 거의 최초인 것이다.

2007년 아마존은 킨들Kindle라는 e-북을 공개했다. 이는 킨들 스토어를 통해서 종이책보다 3~5배 저렴한 전자책을 다운로드할 수 있다. 킨들은 출시 후 뉴욕타임스가 선정한 베스트셀러와 신간 목록 112권 중 103권을 전자책으로 서비스했다. 또한, '킨들 디렉트 퍼블리싱'을 통해 작가가 아마존에서 직접 전자책을 팔 수 있는 서비스도 제공했다. 2013년 시작한 '킨들 월드' 서비스는 저작권자와 협상한 드라마, 도서, 게임, 영화, 음악을 소재로 한 팬픽Fanfic을 작가에게 공급받아 판매하고, 책값의 35%를 작가에게 인세로 준다.

아마존은 고객을 확대하기 위해서 제시한 비즈니스 모델이 '아마존 프라임Amazon Prime'이다. 이는 아마존이 제공하는 유료 구독 서비스의 하나이다. 아마존 프라임은 스포티파이Spotify와 유사한 '프라임 뮤직', 넷플릭스와 유사한 '프라임 비디오', 킨들 전자책에 접근할 수 있는 '프라임 리딩', 당일 배송을 하는 '프라임 나우' 등을 포함하고 있다. 이로써 아마존은 디지털 생태계 최강의 포식자로 등장한다.

TREND 6
빅데이터 마켓,
당신의 기록을 사고팝니다

드디어 발효된 '데이터 3법'

그동안 국내 산업계에서는 빅데이터를 활용하는 데 걸림돌이 있었다. 우선 카드사 또는 이동통신사로부터 데이터를 구입하는 비용이 너무 비싼 것이 있다. 또한 가명정보와 익명정보를 활용할 수 없었다. 2020년 8월부터 '데이터 3법'이라 불리는 개인정보 보호법·정보통신망법·신용정보법 개정안이 시행되었다. 이는 빅데이터를 위해 가명정보와 익명정보를 기업이 사용할 수 있는 근거가 마련된 것이다.

특히 신용정보법이 개정되면서 맞춤형 금융상품 개발은 물론 하반기 개화하는 마이데이터 산업 제도 기반을 마련하게 됐다. 마이데이터를 쉽게 설명하면 소비자가 자신의 신용정보나 금융상품을 자유자재로 관리할 수 있는 이른바 '포켓 금융pocket finance' 생태계 도래를 뜻한다.

조직의 내부 데이터뿐만 아니라 이동통신회사 및 카드회사와 같은 외부 데이터를 활용하여 의미 있는 결과를 분석하는 것을 빅데이터라고 한다. 이는 내·외부 데이터를 수집하고, 분류하며, 분석을 통해 시각화함으로써 조직을 위한 새로운 통찰력을 제시한다.

빅데이터는 통계학 기반의 정보기술로 내부 및 외부 데이터를 매시업mashup, 여러 자료를 가져와 새로운 것을 만듦해 분석하는 데이터 과학이다. 데이터는 인재, 기술, 자금, 원재료 등과 함께 새로이 등장하는 조직의 자원으로 인정되고 있다. 빅데이터는 데이터 과학의 정점이다.

조직의 디지털 트랜스포메이션을 위해서는 가치사슬 내의 소비자 요구조사, 상품개발, 제조, 유통의 프로세스에 빅데이터를 활용하여 혁신해야 한다. 따라서 빅데이터가 잘 활용이 되는 기업은 경쟁력 확보가 가능한 것이다. 또한, 빅데이터는 데이터 과학의 꽃이라고 할 수 있는 AI로 발전하기 위한 선행단계다. 국내외에서 빅데이터는 금융, 유통, 제조, 의료, 공공 등의 분야에서 활발히 도입하여 적용되고 있다.

빅데이터는 현대 사회의 '예언자'다

유명하지만 소개하지 않을 수 없는 사례가 있다. 미국의 한 대형마트에 한 남자가 잔뜩 화가 난 채로 들어왔다. "마트 주인 나와!"라고 소리를 쳐대는 남자의 손에는 마트가 보낸 출산용품 할인 쿠폰이 들려져 있었다. 남자는 "내 딸아이가 아직 고등학생인데 이런 쿠폰을 보내서 미성년자인 딸에게 임신을 부추기고 있는 거야?"라며 거세게 항의를 하였다. 이에 당황한 마트 주인은 쿠폰이 잘못 발송된 것으로 판단하고, 우선 남자에게 정중히 사과하며 돌려보냈다.

며칠 후에 재차 사과하려고 전화를 건 마트 주인은 뜻밖의 대답을 듣게 되었다. 오히려 "딸이 임신한 걸 뒤늦게 알게 되었다"라며 마트 주인에게 사과한 것이다. 고등학생이었던 딸이 부모도 모르게 아이를 가지게 된 것을 대형마트는 어떻게 알게 된 것일까?

실제 〈뉴욕타임스〉에 기사로 실렸던 이 이야기에 대한 답은 '빅데이터 분석 예측 시스템'에 있다. 여고생에게 출산용품 할인쿠폰을 발급했던 대형마트는 고객들의 구매 패턴 데이터를 수집해서 분석한 후 남성, 여성 그리고 연령 별로 다양한 집단들의 구매 패턴을 분석했다. 즉, 고객의 스물다섯 가지 구매 행태를 분석하면, 여성의 임신과 출산을 상당히 정확하게 예측할 수 있다는 사실을 확인했다. 예를 들어, 향이 나는 로션을 사던 여성이 무향의 로션으로 바꾸거나, 평소 사지 않던 미네랄 영양제를 갑자기 사들이는 경우다.

이 대형마트는 고객 데이터베이스에 이를 적용했고, 전국적으로 수만 명의 임신 추정 여성들을 가려내어 출산 관련 할인쿠폰을 보냈다. 앞선 사례의 여고생도 임산부가 보이는 구매 패턴을 보이자, 임산부로 예측하고 쿠폰 메일을 발송한 것이다.[4]

2013년 1월 미국은 독감으로 인한 사망자가 100명이 넘었다. 미국 질병통제예방센터CDC는 독감 주의보를 발령했다. 하지만 구글은 이보다 2주 빨리 독감 위험을 알렸다. 구글은 독감 증상이 있는 사람들이 늘어나면, 기침, 발열, 몸살, 감기약 등 관련 어휘를 검색하는 빈도가 늘어난다는 사실을 발견했다. 이를 통해 시간별, 지역별 독감 관련 검색어 빈도를 지도에 표시함으로써 독감을 예보할 수 있다. 이 방식으로 구글은 2009년 2월 '구글 독감 동향Google Flu Trends'이라는 독감 확산 조기 경보 체계를 미국 보건 당국보다 앞서 마련하였다.

미국 대선에서도 주요 여론조사기관들은 대부분 민주당 힐러리 클린턴 후보의 승리를 점쳤었다. 정작 결과를 맞춘 것은 빅데이터를 통한 인공지능으로 여론을 살핀 스타트업이다. 스타트업 '제닉 AI'가 만든 인공지능 프로그램 '모그 IA'는 대선을 앞두고 페이스북, 트위터, 유튜브 등 SNS에서 수집한 2,000만 개의 데이터를 토대로 트럼프가 승리할 것이라고 내다봤다.

패션 브랜드인 ZARA도 몇 년 만에 글로벌 최고의 패션업체로 자리를 잡았다. 이 회사의 성공 이면에는 빅데이터 분석 및 활용이 있다. ZARA의 경우 다품종 소량생산을 마케팅 판매전략으로 삼고 있다. 일반적인 패션 브랜드는 오더부터 생산, 매장에 입점할 때까지 단 6주 이내로 걸린다. 이 때문에 수요 예측과 매장별 재고 산출, 상품별 가격 결정, 운송까지 실시간으로 파악해야 할 필요가 있었고, 이를 위해 ZARA는 MIT 연구팀과 연계해 빅데이터를 활용하는 재고관리 시스템을 개발했다.

위 사례들에서 보듯이 구글의 독감 예측, 미국 대선의 트럼프 승리 예측, 패션 업체 자라의 빅데이터 활용, 대형마트의 임산부 할인쿠폰 발급 등은 빅데이터의 대표적인 예이다. 이러한 사례가 오늘과 같은 빅데이터의 전성기를 가져오게 된 출발점이었다.

빅데이터의 특징

빅데이터란 기존의 관리·분석 체계로는 감당할 수 없을 정도의 거대한 데이터 집합을 지칭하며, 데이터를 수집·저장·검색·공유·분석·시각화하는 업무를 지칭한다. 빅데이터는 초기에 데이터 규모와 기술 측면을 강조하였으나, 요즘은 데이터의 가치와 활용 효과 측면으로 의미가 확대되고 있다. 빅데이터는 고객 정보와 같은 정형화된 내부정보뿐만 아니라 카드회사 및 이동통신회사에서 발생하는 외부 데이터, 비정형 데이터, SNS 등에서 발생하는 소셜 데이터, IoT를 통해 수집되는 실시간 데이터 등이 복합적으로 구성된다. 빅데이터는 규모, 다양성, 복잡성, 속도의 증가 측면에서 네 가지 특징을 지니고 있다.

· 규모volume: 해마다 디지털 정보량이 기하급수적으로 폭증하고 있다.

· 다양성variety: 로그기록, 소셜, 위치, 소비, 현실 데이터 등 데이터 종류의 증가와 텍스트 이외의 멀티미디어 등 비정형화된 데이터 유형이 대두되고 있다.

· 복잡성complexity: 구조화되지 않은 데이터, 데이터 저장 방식의 차이, 중복성 문제 등을 극복하고 있으며, 내·외부 데이터의 활용으로 관리 대상이 증가하고, 분석 처리의 복잡성이 깊어지는 데 따른 새로운 기업이 요구된다.

· 속도velocity: 사물 정보센서, 모니터링, 스트리밍 정보 등 실시간 정보가 증가하고, 실시간성으로 인한 데이터 생성, 이동 속도가 증가하며, 실시간 활용을 위한 데이터 처리 및 분석 속도가 중요하다.

〈도표〉빅데이터 수행 절차

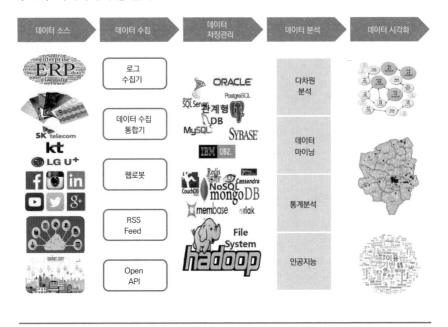

빅데이터 수행절차는 다음과 같다.

① ERP, 카드회사, 이동통신회사, SNS, IoT, 스마트시티 등 내·외부 데
   이터를 확보

② 로그수집, 웹로봇, Open API 등을 통해 데이터를 수집

③ DBMS, NoSQL, Hadoop 등에 데이터를 저장

④ 다차원 분석, 데이터 마이닝, 통계분석, 인공지능을 통해 데이터 분석

⑤ 다양한 그래픽 도구를 이용하여 데이터 시각화 단계

빅데이터 수행 과정에서 중요한 것은 데이터 분석 단계이다. 데이터 분석 기술은 통계적 분석, 데이터 마이닝, 텍스트 마이닝, 소셜 네트워크 분석 등이 있다.

1) 통계적 분석

· 기술 통계량, 상관분석, 회귀분석, 분산분석, 주성분 분석

· 연관 업무: 장바구니 분석^{월마트}, 금융 상품 구매 분석, 영화/DVD 등 디지털 콘텐츠 구매 분석

2) 데이터 마이닝

· 예측, 분류, 군집화, 패턴분석, 순차패턴분석

· 분류 업무: 스팸 메일 자동 분류, 문서 카테고리 자동 분류, 인터넷 중독 진단 시스템

· 군집 업무: 학업 성취도 및 능력에 따른 학생 특징 분석, 특정 질병에 대한 유전자 발견 특징 분석, 구매 패턴 유사 고객 특징 분석

3) 텍스트 마이닝

· 텍스트 기반의 데이터로부터 새로운 정보를 발견할 수 있도록 정보 검색, 추출, 체계화, 분석을 모두 포함하는 텍스트 프로세싱^{text-}

^{processing} 기술 및 처리 과정

4) 소셜 네트워크 분석

· 대용량 소셜 미디어를 언어분석 기반 정보추출을 통해 이슈를 탐지
하고, 시간의 경과에 따라 유통되는 이슈의 전체 과정을 모니터링하
고 향후 추이를 분석하는 기술

· 추천 업무: 구매 유도 아이템 추천, 성향에 따른 아이템 추천^{넷플릭스-}
온라인 DVD 대여, 아마존-아이템 추천, 왓치-영화 추천

빅데이터는 펜실베이니아 대학교의 경제학자 프랜시스 뒤볼드가 2000
년에 〈거시경제의 측정과 예측을 위한 빅데이터 동적 요소 모델〉이라는 논
문에서 용어를 처음 사용했다. 다음해인 2001년 리서치 회사인 가트너 그
룹은 빅데이터 정의에 큰 영향을 끼친 더글러스 레이니^{Douglas Laney}의 보
고서를 발표했다. 그는 빅데이터의 특성을 데이터 크기^{volume}, 데이터의 축
적 속도^{velocity}, 데이터의 다양성^{variety}으로 규정하였다.

다시 2012년, 가트너 그룹이 빅데이터를 세계 10대 기술로 선정하면서
빅데이터에 대한 관심이 모이기 시작했다. 2013년 옥스퍼드 대학교 교수
빅토르 마이어 쉰버거^{Viktor Mayer-Schonberger}의 저서《빅 데이터가 만드는
세상》에서는 빅데이터의 특성 세 가지를 제시했다.

· More | 정보 수집 · 분석 측면에서, 과거에는 표본 수집을 통해 조사했지만, 이제는 모든 자료를 빅데이터로 처리 · 분석을 한다. 이는 IoT에서 데이터를 수집하여 클라우드로 저장하고 빅데이터로 분석하는 것을 의미한다.

· Messy | 과거에는 데이터의 양이 적기 때문에 데이터의 품질이 중요했지만, 현재는 데이터양의 증가로 불완전한 데이터도 사용된다.

· Correlation | 데이터의 인과관계를 알지 못하더라도, 관련 있는 두 변수의 상관관계를 아는 것이 중요해진다.

위에서 소개한 사례가 빅데이터를 촉발했지만, 빅데이터를 발전시킨 주역은 여럿이다. 그중에 대표적인 것이 '하둡Hadoop'이다. 뉴욕 증권거래소는 하루에 1테라바이트 이상의 거래 데이터가 발생한다. 페이스북엔 30페타바이트가 넘는 이미지 데이터베이스가 쌓여 있다. 이들이 대용량 데이터를 처리하기 위해서는 하둡을 이용해야 한다는 점이다.

하둡은 여러 개의 저렴한 컴퓨터를 마치 하나인 것처럼 묶어 대용량 데이터를 처리하는 기술이다. 하둡은 검색 라이브러리인 '아파치 루신'의 창시자로 유명한 더그 커팅Doug Cuting이 만들었다. 커팅은 이렇게 개발한 기술을 다른 개발자도 자유롭게 가져다 쓰고 발전시킬 수 있도록 소스 코드를 공개했다.

빅데이터 발전에 기여한 또 하나의 주역은 분석을 지원하는 언어인 R 과 파이썬이다. 시각화 도구로는 마이크로소프트의 Power BI 및 태블로 Tableau가 대표적으로 사용된다.

빅데이터 언어 R과 Python

'R'은 뉴질랜드 오클랜드 대학의 Ross Ihaka와 Robert Gentleman 에 의해 S-PLUS의 무료 버전 형태로 1993년부터 소개되었다. R 은 오픈 소스(Open Source) 프로그래밍 언어 가운데 하나로 대용 량 데이터를 통계적 방법으로 분석할 때 쓰인다. 이는 빅데이터 시 대를 맞아 각광받는 추세다. 페이스북, 트위터, 구글 등 인터넷을 주 도하는 유명 기업이 고객 요구 사항을 분석할 때 R을 사용했다. R은 5,000개가 넘는 라이브러리들이 다양한 기능을 지원하고 있으며 수 시로 업데이트되고 있다.

'파이썬(Python)'은 네덜란드 개발자 귀도 반 로섬(Guido van Rossum)이 만든 언어다. 파이썬은 문법이 간결하고 표현 구조가 인 간의 사고 체계와 닮아 있다. 이 덕분에 초보자도 쉽게 배울 수 있 다. 파이썬은 웹 개발뿐만 아니라 데이터 분석, 머신러닝, 그래픽, 학 술 연구 등 여러 분야에서 활용되고 있다.[5]

비즈니스를 움직이는 새로운 동력

빅데이터는 글로벌 기업에서 적극적으로 활용되고 있다. 특히 빅데이터를 통한 분석 결과는 그들의 사업에 결정적인 영향을 끼치는 '사업 엔진'으로서의 역할을 수행하고 있다.

애플의 음성인식 서비스인 '시리Siri'는 구축된 데이터베이스를 토대로 이용자의 질문이나, 행동을 예측하여 최적의 답을 제시해 준다. 따라서, 시간이 지날수록 데이터베이스 규모가 방대해지며, 이용자의 질문에 진전된 응답을 하게 된다.

아마존은 추천 시스템을 최초로 상용화하였다. 아마존은 초기에 협력 필터링collaborative filtering 알고리즘을 적용하여 도서 분야에서 고객에게 상품 추천을 하였다. 최근에 아마존은 회원들 개개인의 상품 검색 및 구매 패턴을 분석하여 이용자 개인에게 맞는 쿠폰을 자동화된 알고리즘으로 생성하여 고객에게 전달한다.

독일 이동통신회사인 'T-Mobile'은 매일 수백억 건 이상 발생하는 빅데이터를 분석하여 고객의 통신사 전환 위험을 사전에 감지하고, SNS를 분석하여 이탈 징후를 보이는 고객에게 맞춤형 혜택을 제공하여 타사로의 통신사 이동을 절반 수준으로 방지하는 효과를 얻었다.

영국의 통신사 O2는 'Placecast'와 협력하여 위치기반 서비스 개념의 퍼미션 마케팅을 한다. 이는 가입자가 스타벅스와 같은 특정 매장 근처에 있을 경우 문자메시지로 프로모션 쿠폰을 전송하는 서비스로, 스마트폰 이용자의 50% 이상이 위치기반 서비스를 이용한 프로모션을 통해 물품을 구매한 경험을 가지고 있다.

직장인은 승용차를 아파트 주차장에 세워놓고 주말에만 가끔 차량을 이용하는데, 연간 수십만 원의 자동차 보험료를 지불하는 것에 대해 불만이 높을 것이다. 미국 프로그레시브 보험사는 이를 해결하기 위한 종량제 pay as your drive 보험을 출시하였다. 운전자의 마일리지 수, 차량 사용시간, 운전 성향 등을 고려하여 요금을 부과하는 선불 보험이다.

이 보험은 GPS 추적 장치를 차량 블랙박스 부품에 설치하고, 운행하는 동안 차량 정보를 수집하여 운전자의 운전습관에 따라 요금을 부가한다. 또한, 보험사는 계약자의 운전이력과 운전습관에 대한 정보를 제공하고, 이를 개선하기 위한 서비스를 제공한다. 영국의 한 여성 운전자는 종량제 보험을 통해 월 50달러의 비용을 절감한다고 했다. 국내 보험사는 '운전습관 연계UBI 특약 상품'을 제공한다.

〈도표〉 종량제 보험 적용 절차

Day 1	Day 1~30	Day 31	
보험사는 운행정보 측정기기인 스냅샷을 차량에 설치	스냅샷은 운행시간, 속도, 주행거리, 운전 습관등의 데이터를 수집	보험사는 한달 간의 데이터를 분석해서 선불보험금 산정	계약자는 자신의 운전이력과 운전습관 등의 정보를 확인하고 개선

소매유통의 강자 '타깃'의 구매 유도 비결

타깃Target은 월마트에 이어 2위를 차지하는 소매유통 사업자로 북미에 1,700개 이상의 오프라인 점포와 온라인 쇼핑몰을 운영하고 있다. 타깃은 GDASguest data and analytical services 조직을 운영한다. GDAS를 통한 데이터 기반 마케팅은 고객의 구매 패턴에 변화를 주어서, 모든 구매활동을 타깃에서 하도록 유도하는 것이다.

타깃은 결혼하거나 이혼을 하는 경우 시리얼이나 맥주의 브랜드가 바뀌고, 출산하면 한곳에서 쇼핑하는 식으로 구매 패턴이 변화하는 것을 주목했다. 고객이 임신했다는 징후를 알려주는 핵심 구매 상품에 대한 정보를 추출하고, 해당 상품을 구매하는 고객의 활동을 추적하여 임신 주기까지 알아내는 것이 가능하다. 고객의 임신 정보를 확보한 후에는 이에 맞는 DMdirect marketing, 전화 판매, SMS, 광고지 발송 등이나 이메일을 발송하는 마케팅 방식을 적용하였다. 이러한 전략을 통해 고객이 이전 대비 30% 이상 광고 내용에 반응하였으며, 2002년 440억 달러였던 타깃의 매출은 2010년에는 670억 달러 규모로 증가하였다.

구글은 종업원에 대한 복지제도가 우수한 기업으로 취업자의 선망의 대상이 되는 직장에 해당한다. 구글은 직종별, 성별, 직급별 데이터를 분석해본 결과, 최근 출산한 여성의 이직률이 직원 평균의 2배 이상임을 발견했다. 구글은 출산 여직원들의 니즈를 적극 반영하여 맞춤형 지원책을 제시하였다. 예로써 출산휴가 정책을 바꿔 5개월 급여 및 수당 100%의 유급 휴가 제공, 출산 여직원에게 산후 휴가를 제공하거나 파트타임 근무를 병행하도록 했다. 결과적으로 출산 여성의 퇴사율이 50% 감소하였으며, 이에 따른 신규채용 비용 및 훈련비용이 절감되었다.

택배기업인 UPS의 온로드 통합 최적화 및 탐색ORION, on-road integrated optimization and navigation 서비스는 교통, 날씨, 물동량, 고객 분포 데이터를 기반으로 트럭 운전자가 최적의 경로를 찾도록 도와주는 최첨단 알고리즘이다. 이 경로는 악천후나 교통사고로 인해 변경될 수 있다. 오리온은 아직 배달되지 않은 패키지의 주소 정보를 이용해 최적의 경로를 구성한다. UPS는 이를 통해 매년 5,000만 달러를 절약한다.

코웨이, 기아자동차 등 국내 기업은 어떻게 활용하고 있는가

빅데이터는 해외뿐만 아니라 국내에서도 매우 활발하게 적용이 되고 있다. 특히 금융, 유통, 제조, 의료 등 다양한 분야에서 활용이 되고 있다.

비자^{VISA} 카드의 경우 구입 품목, 시점, 결제 위치 등을 실시간으로 파악하고 고객의 구매 이력 및 성향을 감안하여 인근 가맹점의 할인 쿠폰을 발송해 주는 실시간 메시지 전송 서비스를 제공하였으며, 이에 따라 카드 이용 건수 및 가맹점 신규 고객이 증가했다.

코웨이는 공기청정기를 통해 주거별, 시간대별, 계절별로 축적한 1,200억 개의 데이터를 바탕으로 공기질 유형을 24가지로 분류하고, 유형별로 차별화된 필터^{미세먼지, 냄새 등} 서비스를 고객에게 제공한다.

기아자동차는 가치관, 여가생활, 경제력, 쇼핑 행태, 자동차관 등 5개 영역에서 은퇴자들의 니즈를 규정하는 37개의 변수와 19개의 요인 판별을 통하여 그 유형을 분류 및 정의했고, 소비자 패널의 실구매 데이터와 설문조사 등을 통하여 구매 동인을 규명하였다. 그 결과 고객은 자신의 니즈에 딱 맞는 판촉 조건으로 차량을 구매할 수 있는 발판을 만들었고, 회사는 실질적인 판매 증대 효과를 기대할 수 있게 되었다.

파리바게뜨는 최근 5년간, 169개 지역의 기상관측 자료와 10억 건 이상의 상품 판매 자료를 분석하여 마케팅에 활용한다. 예로써, 비가 오면 피

자빵, 소시지 빵 같은 따뜻한 조리빵이 잘 팔리고, 온도가 1도 내려갈수록 호빵 매출이 늘지만, 너무 추운 영하의 온도에서는 다시 호빵 매출이 줄어드는 것과 같은 패턴을 재고관리와 판매전략에 적용한다.

삼성서울병원에서는 유전적, 의학적 현상, 평상시 생활 등 방대한 개인의 의료 데이터를 기반으로 개인별 맞춤 치료 서비스를 제공한다. 그리고 의료 데이터 분석을 통해 개인에 맞는 건강관리 및 치료 방법을 제안하고 더 나아가 질병을 예측한다.

국내 가전제품 회사인 L사는 AS 업무에 대해 빅데이터를 적용하였다. 수년간의 AS 데이터를 분석한 결과 판매 이후 초기 연도에는 간단한 고장이 빈번하고[A 그룹], 수명이 다했을 때는 냉장고 컴프레서 고장과 같이 수리 비용이 많이 소요되는 심각한 증상이 발생[B 그룹]하는 패턴을 알게 되었다. 그런데 구입 초기에 심각한 고장이 발생하는 예외사항이 발견되었다. 따라서 분석팀은 C 그룹의 AS 업무를 구체적으로 조사하였다. 조사 결과 AS를 하는 하청업체에서 거짓으로 AS 실적을 보고한 것이 발견되었다. 이처럼 빅데이터는 조직의 다양한 업무에 적용을 할 수 있으며, 주목할 만한 효과를 나타내고 있다.

정부기관 역시 공공 빅데이터 도입에 적극적이다. 특히 지방자치단체와 공공기관 들은 입지분석, 유동인구 분석, 상권분석, 민원분석, 상담 분석, 교통분석, 도서대출 분석, SNS 분석, 안전분야, 정보 서비스, 해양산업,

〈도표〉 사용 기간 대비 고장 정도 분석 결과

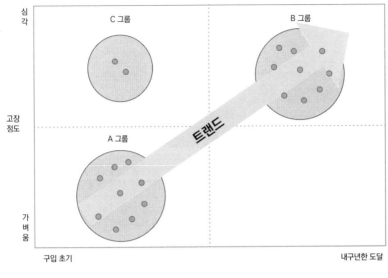

구입 후 사용기간

문화 관광, 행정업무 등에 빅데이터를 적용하고 있다. 최근 지방자치단체에서는 코로나바이러스 확산에 따른 빅데이터 분석을 시행한다. 이는 코로나19를 전후해서 지역 상권의 매출 및 유동인구의 변화 정도, 긴급재난지원금 지역화폐에 대한 상권 활성화 효과 분석, 확진자 발생의 지역 및 연령대 분석 등이다.

〈도표〉 지방자치단체 빅데이터 사업 추진 사례

유형	사례
입지분석	공공 와이파이 우선 설치 입지분석, CCTV 설치 입지분석, 여성 안심 택배함 설치 위치 분석, 국공립 어린이집 취약지역 분석, 범죄 예방 CCTV 설치 적합지 분석, 화재진압 소화전 분석, 무인민원발급기 위치 분석
유동인구 분석	신종 코로나 바이러스 확산 방지 대응을 위한 유동인구 및 교통 분석, 안산시 인구이동 동향 분석, 인구정책 대응 방안 분석
상권분석	전통시장 및 상점가 실태조사
민원분석	수돗물 주요 민원사례 분석, 국민 신문고 분석, 공개정보 청구 분석, 무인민원 발급기 분석
상담분석	새올 상담민원 분석, 120다산콜센터 일반상담 분석, 행정전화 통화량 분석
교통분석	2019년 현충일 국립대전현충원 일대 교통 영향 분석, 미세먼지 클린존 설치를 위한 시내버스 정류장 분석, 시내버스 노선 결정, 불법 주정차 단속실적 분석, 대중교통 사각지대 분석
도서대출 분석	도서관 도서대출정보 분석, 도서관 인기 대출 도서 분석
SNS 분석	대왕암 공원 SNS 분석, 시민 소통 강화를 위한 온라인 이슈 분석, 보도자료 분석, 혁신 키워드 분석, 동학 농민혁명 기념제 소셜 분석
안전분야	소방 활동 분석, 이송 및 미 이송환자 발생 분석, 노인 환자 구급 출동 분석, 산림재해 대응력 강화, 도심 떼까마귀 피해 예방 생태 분석, 어린이 교통사고 예방 분석, 상수도 누수 탐지 분석, 쓰레기 무단투기 분석, 상하수도 누수 분석, 119 운영 최적화 분석
정보서비스	정보시스템 장애 접수 처리 분석, 주민 정보화 교육 분석
해양산업	해양공간 통합 관리를 위한 해양수산정보 분석, 적조 발생.이동.확산 예측시스템
문화관광	울산 원도심 문화관광 분석, 태화강 봄꽃 대항연 축제 효과 분석, 해남 달마고도 빅데이터 분석, 신륵사 관광지 문화관광 패턴 분석, 내외국인 신용카드 국내 지출액 분석, SNS를 활용한 여행 트렌드 분석
행정업무	청년대책 분석, 도시재생 분석, 주간 이슈 빅데이터 분석, 회의록 분석, 중소기업 도산 위기 감지를 통한 실업 예방, 구인구직 맞춤형 일자리 매칭

자료: 나라장터

미래사회 특성과 빅데이터의 역할

미래사회의 특성은 불확실성 · 리스크 · 스마트 · 융합으로 요약할 수 있다. 이러한 상황에서 빅데이터가 주목을 받는 이유는 미래사회에 통찰력 · 대응력 · 경쟁력 · 창조력을 제공하기 때문이다.

미래의 불확실성에 통찰력을 제공하는 측면으로는 빅데이터가 사회현상 및 현실 세계의 데이터를 기반으로 패턴 분석과 전망이 가능하며, 여러 가지 가능성에 대한 시나리오 시뮬레이션이 가능하다. 또한, 다각적인 상황을 고려한 통찰력을 제시하고, 다수의 시나리오로 상황 변화에 유연하게 대처한다.

미래의 리스크를 대응하는 측면에서는 환경, 소셜, 모니터링 정보의 패턴 분석을 통한 위험 징후, 이상 신호를 포착하며, 이슈를 사전에 인지 · 분석하고, 빠른 의사결정과 실시간 대응을 위한 지원을 하고, 기업과 국가 경영의 투명성 제고 및 낭비 요소를 절감한다.

미래의 스마트 시대에 경쟁력을 강화하는 측면에서는 대용량 데이터 분석을 통해 상황인지, 인공지능 서비스 등이 가능하고, 개인화 · 지능화 서비스 제공이 확대되며, 소셜분석, 평가, 신용 · 평판 분석을 통해 최적의 선택을 지원한다. 또한, 트렌드 변화 분석을 통한 제품 경쟁력 확보가 가능하다.

미래의 융합시대를 대비한 창조력 향상 측면에서는 타 분야와의 결합을 통한 새로운 가치 창출의료 정보, 자동차 정보, 건물정보, 환경정보, 교통정보 등을 하고, 인과관계 및 상관관계가 복잡한 컨버전스 분야의 데이터 분석으로 안정성 향상 및 시행착오를 최소화하며, 대용량 데이터 활용을 통한 새로운 융합시장을 창출한다. 빅데이터는 미래 시대를 견인할 수 있으므로 기업 및 공공기관이 앞다투어 관련된 사업 개발을 하는 것이다.

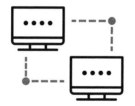

TREND 7
5G도 멀었는데
벌써 6G라니?

'세계 최초 5G' 타이틀 거머쥔 한국, 그러나…

2019년 4월 3일 오후 11시 우리나라에서 5G 서비스가 세계 최초로 이루어졌다. 원래 4월 5일 상용화 서비스를 계획했던 SK텔레콤·KT·LG유플러스 등 이동통신 3사는 4월 3일 밤 11시 각각 5G 1호 가입자를 배출하며 '세계 최초 5G'를 선언했다. 국내 이통사들은 미국 통신사 버라이즌 Verizon이 자사 5G 상용화 일정을 4월 4일로 앞당길 것이란 동향이 파악되자, 당초 상용화 일정을 앞당겨 기습적인 5G 개통 작업을 진행했다.

그러나 국내 5G 이동통신이 상용화 1주년을 앞두고 'LTE4G 보다 안 터지는 5G'라는 오명에 직면했다. "LTE보다 20배 빠르다"던 5G 홍보문구와 달리 소비자 실망이 크다. 특히 실내에서 5G가 속 시원히 안 터진다는 원성이 잦다.

과학기술정보통신부가 올해 상반기 서울과 6대 광역시에서 5G 품질평가를 한 결과 다중 이용 시설 가운데 5G 망을 구축한 곳은 3,800여 곳이었고, 신호가 원활한 비율은 68%였다. 교통 시설 가운데에는 지하철역 5G 가용률이 76%, 고속도로는 78%, KTX는 76%이다. 5G 전송 속도는 데이터를 내려받을 때 657Mbps, 올릴 때는 64Mbps로 지난해 점검한 LTE 속도보다 다운로드는 약 4배, 업로드는 1.5배 빨랐다. 전국에서 안정적으로 5G가 잡히는 건 2023년 이후에나 가능할 것으로 보인다.[6]

미국이 화웨이를 견제하는 진짜 이유

5G는 5세대 이동통신을 의미한다. 5G의 정식 명칭은 'IMT-2020'으로 이는 국제전기통신연합ITU에서 정의한 5세대 통신규약이다. ITU가 정의한 5G는 다운로드 속도가 100Mbps~20Gbps인 이동통신 기술이다. 이는 현재 사용되는 4G 이동통신 기술인 롱텀에볼루션LTE과 비교하면 속도가 20배가량 빠르고, 10분의 1 수준인 초저지연, 100배 높아진 전송 가능 트래픽, 단위면적1킬로미터제곱당 접속 가능 기기 100만 개의 초연결과 같은 특징

을 지니고 있다.

세계는 바야흐로 5G의 치열한 경쟁이 벌어지고 있다. 과학기술통신부는 2017년 12월에 '5G 상용화 로드맵'을 수립하였고, 2018 평창동계올림픽에서 5G 기술을 적용해 화제를 모았다. 대표적으로 타임 슬라이스 기술이 5G를 통해 피겨스케이팅, 쇼트트랙, 아이스하키 등의 종목에 구현된 바 있다. 다양한 각도에서 찰나를 포착하는 타임 슬라이스는 여러 대의 카메라가 동시에 촬영한 영상을 5G 단말기로 실시간 전송해주는 기술로, 고화질 이미지를 실시간으로 전송하기 때문에 초고속 대용량 통신이 필요하다.

5G의 대표적인 기술을 보유하고 있는 기업은 중국 통신회사 화웨이이다. 화웨이는 5G를 위한 통신 인프라 설비에 대한 기술력뿐만 아니라 가격 측면의 경쟁력까지 확보하고 있다. 5G는 디지털 시대에 기반이 되는 통신 네트워크의 필수적인 요소이다.

따라서 미국은 이러한 화웨이의 독주에 강력한 제동을 걸고 있다. 미국 트럼프 대통령은 백악관 기자회견을 통해 "미국은 화웨이와 거래하지 않으며, 이야기하고 싶은 대상도 아니다"라며 선을 긋고 있다. 트럼프 대통령은 미국뿐만 아니라, EU, 캐나다, 호주 등 우방국까지도 화웨이의 5G 인프라가 공급되는 것을 적극적으로 막고 있다. 이를 위해 화훼이의 부회장 체포에 이어 거래 제한 리스트 추가, 추가적인 기술 제재까지 나서며, 압박을 강화하고 있다. 미국은 화웨이가 네트워크 장비에 백도어를 심어 국가 기밀과 주요 사용자 정보를 탈취하려는 의도가 있다고 한다. 하지만 이러한 미국의 입장은 표면적인 것에 불과하다. 그렇다면 미국이 화웨이의 5G 통신 인프라에 대해 적극적인 제제를 거는 이유는 무엇일까?

미래에는 AI, 빅데이터, IoT, 클라우드, AR · VR, 로봇, 드론 등 모든 디바이스가 5G와 연결되는 초연결 생태계를 이루기 때문이다. 5G는 산업과 인프라의 CPS^{cyber-physicial system}가 전면적으로 보급되는 '5G 기반의 초연결 산업 생태계'가 펼쳐지게 할 것이다.

〈도표〉 통신환경 진화에 따른 변화

4G	구분	5G
- 스마트폰, 태블릿	단말기	- 단말기 다양화(스마트폰, 자동차, 스마트공장, 드론)
- 데이터 전송속도 증가 - 영상 통화 보편화	주요 변화	- 대량연결 및 속도 증가 - 지연시간 감소
- 스트리밍 플랫폼 경쟁 (넷플릭스, 유튜브) - SNS 패러다임 전환 (사진, 영상 중심) - 모바일 클라우드 (웹하드 수준)	글로벌 주요 서비스	- 핵심서비스별 플랫폼 (자율주행차, 실감 콘텐츠) - 고화질·몰입형 영상 중심의 SNS 전개 - 클라우드의 보편화 (저장·연산 기능 등)
- 메신저 플랫폼 서비스의 다양화	국내 주요 서비스	- 스마트폰 서비스 위주,　스트리밍 게임(KT)

자료: IT & Future Strategy 2019, 한국정보화진흥원

〈도표〉 5G 이동통신이 바꿀 미래

스마트 웨어러블

스마트 모빌리티

스마트 파킹

e헬스

교통관제

엔터테인먼트
상상을 초월하는 앱

스마트 홈

스마트 그리드

수질관리

스마트 자동차

차량간 커뮤니케이션

가스, 수도, 전기 관리

커넥티드 하우스

안전 & 감시

자료: 5G.co.uk

이러한 능력을 바탕으로 5G는 가상·증강현실, 사물인터넷, 인공지능, 빅데이터 등과 연계해, 자율주행, 원격의료, 무인배달, 스트리밍 게임, 스마트팩토리, 클라우드 등을 구현하여 디지털 시대의 모든 분야에서 극적인 변화를 일으킬 것으로 전망된다. 디지털 시대는 기본적으로 트래픽 증가, 디바이스 수 증가, 클라우드 컴퓨팅 의존성 증가, 융합서비스 증가가 주요 트렌드다. 따라서, 5G는 이러한 요소를 모두 만족시키는 통신이다.

5G 폰 시장은 삼성전자 1위, 화웨이 2위

2019년 4분기 5G 통신장비 시장의 글로벌 1위는 화웨이[35.3%]가 차지하고 있다. 이를 바짝 추격하는 업체는 에릭슨[23.8%], 노키아[20.3%], 삼성전자[10.4%]다. 미국은 반 화웨이 정책을 강력히 펼치고 있다. 따라서, 삼성전자는 미국의 5G 장비 시장 입지를 확대하고 있으며, 2020년 목표인 5G 장비 시장 점유율 20%대를 달성하는 목표를 세웠다. 5G 폰 점유율 1위는 삼성전자다. 약 830만 대[34.3%]를 판매했다. 2위는 화웨이로 800만 대를 출고했다. 5G 경쟁력은 단말기·통신장비뿐만 아니라 킬러앱, 킬러 콘텐츠를 포함한 통신 생태계가 조성·발전해야 하는데 우리나라는 단순히 삼성전자의 장비·스마트폰 점유율에만 매달리고 있다.

한편 요즘은 모빌리티가 화두이다. 오토모티브 산업에서는 자율주행차와 무인 자동차 개발에 '올인'하고 있다. 그렇다면 5G가 이러한 것들과 어떤 관계가 있는가? 고속도로를 시속 110킬로미터로 승용차가 달리고 있다면, 사고를 인지하고 반응하는 시간은 고속도로 설계 기준에 2.5초로 되어있다. 이럴 경우 자동차는 76미터를 진행해서 멈추게 된다.

하지만 5G 시대 자율주행차는 지연시간이 0.001초에 불과해 사고를 인식하고 불과 2.7센티미터 진행 후 제동이 시작된다. 이처럼 5G의 초고속, 초지연성 특성은 지연 발생 시 심각한 사고로 이어질 수 있는 자율주행

차량처럼 실시간 피드백을 위해 초고속 전송을 필요로 하는 경우에 긍정적 영향을 미칠 것으로 평가되고 있다.

제조업의 트렌드는 역시 스마트팩토리이다. 반도체 제조공정에서 순식간의 불량이 발생할 경우 수십만 개의 반도체 불량품이 되며, 이는 수십억 원 이상의 손실이 발생한다고 한다. 5G 시대의 스마트팩토리는 초고속, 초연결, 초지연 네트워크를 통해서 센서, 빅데이터, 클라우드 등을 연결함으로써, 불량률을 줄이고 납기 오류를 최소화해 비용 절감이 가능하다.

최근에 게임 서비스의 추세는 클라우드 게임이다. 마이크로소프트의 'Project Xcloud'나 구글 'Stadia', 소니의 '플레이스테이션 나우' 등의 서비스가 이에 포함된다. 이는 게임 서비스 제공 업체가 게이머가 접속할 수 있도록 게임 서버를 마련해 두면 시간이나 장소, 게임을 즐기는 기기가 어떤 것이든 관계없이 게임을 즐길 수 있는 서비스를 말한다.

일반적으로 게임을 위해서는 고사양, 고가의 게이밍 PC를 사용하여야만 한다. 하지만 클라우드 게임은 서버 쪽의 고성능의 PC 등으로 구동되는 게임을 다양한 네트워크를 통해 다른 기기의 화면으로 스트리밍해서 즐기는 방식이다. 비교적 성능이 낮은 스마트폰이나 노트북 등으로 고성능 PC나 콘솔 게임기 못지않은 그래픽의 AAA급 게임을 즐길 수 있다. 따라서 5G 통신환경에서는 이러한 게임을 모바일 기기에서도 속도 지연 없이 스트리밍 서비스로 즐길 수 있는 장점이 있다.

2019년 3월 KT는 5G 기반의 대륙 간 홀로그램 텔레프레젠스를 선보였다. 플로팅 홀로그램floating hologram 시스템에 5G 모바일 핫스팟MHS을 연동해 대한민국과 미국 로스앤젤레스LA 간 약 9,500킬로미터의 거리 차를 홀로그램으로 지연 없이 성공한 것이다.

플로팅 홀로그램 시스템은 홀로그래피에 의해 생성된 3차원 사진을 얇고 투명한 금속 물체foil에 투영해 마치 허공에 떠 있는 것과 같은 홀로그램 영상을 만들어주는 기법이다. 홀로그램 영상 속 인물이 실제 사람들과 상호 작용할 수 있어 공연, 광고 등에 자주 활용된다.

물류회사인 UPS의 경우 'ORIONon-road integrated optimization and navigation 이니셔티브'를 수행 중인데, 구체적으로 200여 개의 센서가 내장된 배송 차량을 현장 배치함으로써 운전자의 행동을 원격 모니터링하고 가장 효율적인 경로를 선택하도록 하고 있으며, 이를 통해 연료와 정비 비용, 운송비 등을 절감하는 전략을 추진 중이다.

국내에서도 5G 네트워크의 활용 분야가 다양하다. 제조업의 스마트팩토리, 지능형 교통 시스템, 의료분야의 원격수술, 스마트 교육, 실감형 서비스 TV 홈쇼핑, 실감형 콘텐츠를 통한 문화체험 등과 같은 것이다. 우리나라에 5G가 도입된 지 벌써 1년이 되었다. 삼성전자와 LG전자가 5G를 지원하는 스마트폰을 출시하고 있으며, 국내의 5G 통신 인프라 역시 전국적으로 확산되었다. 따라서 5G를 활용한 다양한 서비스가 활성화될 전망이다.

〈도표〉 5G 네트워크의 활용 분야

구분	사업명	내용
제조	공장 프라이빗 5G 네트워크	SK하이닉스 반도체 생산공장에 인공지능 영상분석, 증강현실 등 최신 ITC 기술을 접목한 5G 네트워크 구축
	5G 스마트 발전소	한국수력원자력은 실시간으로 댐 영상과 수위를 감시하고 현장 상황을 공유하는 시스템 구축
	중공업 스마트팩토리	현대중공업은 로봇개발, 선박건조 과정에 5G 네트워크, 빅데이터, AI기술을 결합하여, AI 음성인식 로봇, 클라우드 기반의 로봇 관리 시스템 등을 개발
교통	지능형 교통 시스템	서울시는 차세대 지능형 교통 시스템 실증사업에 첨단 운전자 지원 시스템(ADAS)과 HD맵 업데이트 기능을 얹은 로드러너를 제공한다. 5G ADAS는 차선이탈, 전방 추돌 방지 정보를 운전자에게 제공하고, HD 맵 업데이트는 도로 상황을 지도에 반영함
의료	5G 디지털 혁신 병원	용인 세브란스병원은 5G 통신망 구축 및 AI 음성인식 시스템을 적용하여, 거동이 불편한 환자가 음성명령으로 침대 높낮이, 조명, TV 등을 조작하고, 병원 내 위치 측위와 3D 매핑으로 AR 네비게이션 솔루션을 적용함
	5G 스마트 혁신 병원	삼성서울병원은 5G 디지털 병리진단, 양성자 치료정보 조회, 수술지도, 병실 내 AI 기반 스마트케어 서버 구축, 수술실 내 자율주행 로봇 등의 과제 개발
교육	스마트 교육	LG유플러스는 AR과 VR 기술을 활용한 초등학교 공교육 프로그램 '톡톡 체험 교실' 콘텐츠를 수도권 30개 초등학교에 제공하고, 5G 네트워크를 기반으로 스마트교육 품질을 강화할 방침
쇼핑	실감형 서비스 TV 홈쇼핑	U+AR 쇼핑은 스마트폰을 TV 홈쇼핑 화면에 비추면 증강현실로 나타난 상품정보를 볼 수 있는 서비스 제공, VR 콘텐츠 특성상 대용량이므로 5G 네트워크가 필요함
문화	5G 기반 실감 콘텐츠 활성화 방안 연구	한국문화정보원은 3D 데이터 유통 플랫폼 구축 및 3D 데이터 개방·활용, 플랫폼 구축 및 실감 콘텐츠 전시 운영 방안을 수립한다. 이는 민간, 박물관, 유관기관의 AR, VR, 홀로그램 관련 콘텐츠를 5G 네트워크를 통해 한류 거점 지역에 온라인 서비스를 제공
드론	5G 기반 드론 시험시설 구축	항공안전기술원은 권역별 드론 전용 비행시험장에 5G 기지국 및 네트워크를 구축하고, 드론의 실시간 정보수집 및 서비스 활용을 통해 드론·비행체 추적 영상 등의 현시 가능한 통합운영시스템을 구축하고자 함

자료: 나라장터 참고

"5G는 디지털 혁신에 가장 중요한 요소"

국내 직업훈련의 대표적인 이러닝 포털인 '스마트 직업훈련 플랫폼'에서는 46개 과정의 VR을 이용한 가상훈련 교육을 지원한다. 하지만 학습자가 포털로 교육과정 신청을 하면 7~15기가바이트에 이르는 교육 콘텐츠를 DVD에 담아 소포로 배송을 한다. 이는 콘텐츠 용량이 커서 스트리밍 서비스를 통한 이러닝이 불가능하기 때문이다. 교육생은 DVD를 개인 PC에 설치하고 교육을 받게 된다. 또한 학습자가 가상훈련을 하는 동안 학습관리 시스템 서버와 디바이스 간에 통신이 이루어지지 않아서 교육기관에서는 학습에 대한 모니터링이 불가능하다.

그러나 5G는 이러한 가상훈련을 효과적으로 할 수 있도록 도와준다. 교육신청자는 PC뿐만 아니라 태블릿 같은 모바일 장비에서도 5G 전송을 통해서 가상훈련 콘텐츠를 실시간 스트리밍 서비스해주기 때문에 원격교육이 가능하다. 또한, 5G는 학습관리시스템과 디바이스 간의 통신을 통하여 상호작용을 가능하게 해준다. 이처럼 5G는 가상훈련뿐만 아니라, 최근 청소년들에게 인기가 있는 VR 게임을 언제 어디서나 어떤 디바이스 간에 수행이 가능하도록 한다.

근래에 스트리밍 음악 서비스가 대세를 이루고 있다. 이는 MP3 384킬로헤르츠/32비트 수준으로 높은 수준의 무손실 음질을 제공하고 있다. 그러나 최근에는 DSD^{direct stream digital} 포맷의 고음질 서비스로 전환이 되고 있다. 이는 소니와 필립스에 의해 규격화된 수퍼 오디오 CD^{SACD, super audio compact disk}로써, 아날로그 음성을 디지털 신호화할 때 사용되는 방식이다. DSD 방식의 음악은 현장의 사운드를 전달하기 때문에 음악 애호가들이 선호한다. 과거 CD로 제공되던 음악이 MP3로 전환이 되었듯이 앞으로는 MP3 스트리밍 서비스가 DSD 스트리밍 서비스로 바뀔 것이다.

그러나 DSD는 음질이 뛰어난 만큼 데이터의 용량이 크다. DSD 음악은 3분 크기의 용량이 300메가바이트 정도로 크다. 따라서 DSD 스트리밍 서비스를 위해서는 5G 통신이 필수가 되는 것이다. 따라서 향후에는 초고속 환경의 5G를 통해 전문가용 DSD 파일을 스트리밍으로 편리하게 이용할 수 있기 때문에 이동 중 스마트폰으로도 대용량 초고음질 음악을 감상할 수 있다.

위의 사례처럼, 우리는 5G가 가져올 미래가 궁금해진다. 5G는 단지 속도에 관한 것만은 아니다. 그것은 파급성^{pervasiveness}, 용량, 내구성, 차원성, 지능형 기계, 프라이버시, 보안, 신뢰, 윤리, 그리고 우리의 인간 경험을 변화시킬 수 있는 새로운 방법을 찾는 것에 관한 것이다. 다가오는 10년은 상상하기 힘든 방식으로 5G의 세계가 펼쳐지는 것을 보게 될 것이다. 5G로 가득 찬 세계는 수십만 개의 새로운 제품, 시스템, 데스크톱 산업을 탄생시킬 것이다. 아마도 인공지능과 더불어 5G 통신은 디지털 혁신에 가장 중요한 요소가 될 것이다.

토마스 프레이가 그린 5G 청사진

구글이 선정한 최고의 미래학자 토마스 프레이Thomas Frey가 제시한 산업별 5G 응용분야를 살펴보자.

· 현금의 사용이 감소하고, 은행의 ATM은 스마트폰으로 대체될 것이다.
· 보험회사의 상황 위험 평가 시스템은 실시간으로 모니터링되며, 자동화된 홀로그래픽 전신 검색 보안 시스템이 'ID 식별'을 대체할 것이다.
· 농업 분야에서는 지속적인 식물, 토양, 수율 분석을 통해 농작물을 실시간 모니터링하며, 매크로 경고 시스템은 농부들에게 질병, 곤충, 기상재해 등의 침범을 경고할 것이다.
· 식재료를 위해 대부분의 농산물, 곡물, 견과류 및 기타 작물은 블록체인 데이터베이스에서 날짜 태그, 지리 태그, 화학 태그를 지정하여 소비자에게 더욱 정확한 선택권을 제공할 것이다.
· 의료분야에서는 의사들이 감독을 하지만 의사가 아닌 사람들이 수행하는 응급수술은 전 세계적으로 보편화되며, 홀로그램 전신 건강검진은 수술, 심장 스캔, 간 스캔, 소화기 검사 등을 실시간으로 감시하게 된다.
· 교육 분야에서 가상 참여 교육 애플리케이션이 새로운 유형의 학습 환경을 제공하며, 가상 감각기는 학생들의 주의 산만함을 관리하는

데 도움을 줄 것이다.

· 소매거래에서는 가상 동상virtual statue, 룸 장식, 테이블 장식 등 전시용으로 사용할 디지털 오브젝트 시장이 확대되며, 비디오, 홀로그램, 이미지, 팟캐스트 등으로 구성된 레거시 포트폴리오 시장의 확대, 경매, 카운트다운 판매, 플래시 판매 등 잘 짜인 홀로그램 구매 이벤트가 활성화될 것이다.

2020년대 내로 찾아올 6G, 그리고 7G

그렇다면 5G 시대 이후는 무엇이 등장할까? 그것은 당연히 6G 및 7G의 시대가 펼쳐질 것이다. 6G는 2030년부터 2040년까지 활용될 것이다. 이는 '사람-사물-공간-데이터-프로세스'가 지능적으로 연결되는 AIoEartificial intelligent of everything 즉, 모든 사물에 인공지능이 내재화되고 인공지능 간 정보를 교환하고 대화를 나누는 IoT와 IoEinternet of everything 를 넘어선 환경을 실현한다. AIoE는 지능형 만물 인터넷 생태계를 의미한다. 또한 가상현실과 증강현실의 연계와 융합이 심화되므로 6G 기반 초공간 산업 생태계를 이루게 된다.

7G는 2040년 이후에 활용이 될 것이다. 7G는 사람이 존재하는 공간 자체가 네트워크화되는 환경으로 전환된다. 이는 CPScyber-physcial system와

신체망body network이 연계되는 초지능 만물 인터넷 생태계가 정착되며, 트릴리온 센서 우주trillion sensor universe 시대가 등장하고, 지구 차원에서 모든 산업과 인프라의 CPS 생태계가 정착된다. 이는 7G 기반의 지능 산업 생태계를 이루는 것이다.

삼성전자는 6G 비전을 제시하는 6G 백서 '새로운 차원의 초연결 경험'을 2020년 7월 14일 공개했다. 백서에는 초실감 확장현실, 고정밀 모바일 홀로그램, 디지털 복제 등의 서비스가 등장할 것이라는 전망이 제시되었다. 삼성전자는 6G 요구사항을 충족시키기 위해 다음 항목을 연구가 필요한 후보 기술로 선정했다.

① 테라헤르츠 주파수 대역 활용 기술

② 고주파 대역 커버리지 개선을 위한 새로운 안테나 기술

③ 이중화 혁신 기술

④ 유연한 네트워크 구성, 위성활용 등 네트워크 토폴로지 혁신 기술

⑤ 주파수 활용 효율을 높이기 위한 주파수 공유 기술

⑥ AI 적용 통신 기술

6G는 2028년 상용화에 들어가 2030년 본격적인 서비스가 이루어질 것으로 전망된다.

TREND 8
인공지능의 역습 Ⅰ ─
딥페이크

사진뿐만 아니라 영상도 '합성'이 된다

미국 하원의장 낸시 펠로시^{Nancy Pelosi}가 술에 취한 것처럼 발음이 불분명하게 이야기하는 동영상을 본 적이 있는가? 지난해 페이스북 등에 유포되며 논란이 된 낸시 펠로시 미 하원의장이 술에 취해 말하는 것처럼 편집된 동영상이 퍼져나갔다. 이는 딥페이크^{deepfakes}로 일어난 논란이었다.

딥페이크란 단어는 '딥러닝^{deep learning}'이라는 단어와 가짜를 의미하는 '페이크^{fake}'가 합쳐 만들어진 단어로, 인공지능^{AI}을 사용해 가짜 영상을 만들어내는 기술을 의미한다. 이는 인공지능을 활용해 특정 인물의 얼굴, 신체 등을 원하는 영상에 합성한 편집물이다.

최초 발생은 미국 온라인 커뮤니티 레딧^{reddit}에 할리우드 배우의 얼굴과 포르노를 합성한 편집물을 올리면서 시작됐다. 연예인, 정치인 등 유명인뿐만 아니라 일반인도 대상이 되면서 사회적 문제가 됐다. 딥페이크는 '생성적 적대 신경망^{GAN, generative adversarial network}'이라는 기계학습 기술을 사용하여 기존의 사진이나 영상을 원본이 되는 사진이나 영상에 겹쳐서 만들어낸다. GAN은 비지도 학습에 사용되는 인공지능 알고리즘으로, 제로섬 게임 틀 안에서 서로 경쟁하는 두 개의 신경 네트워크 시스템에 의해 구현된다.

정치인, 연예인 등에게 위협이 되고 있는 기술

딥페이크는 정치인에게만 위협이 되는 것이 아니다. 딥페이크가 만들어 내는 가짜 마케팅의 위험성에도 주의를 기울여야 한다. 딥페이크는 주로 딥페이크 포르노 유포를 통한 성범죄, 딥페이크 음성 유포를 통한 정치적 공격, 딥페이크 허위 콘텐츠를 통한 사기 등의 문제가 발생한다.

전 세계 딥페이크 영상은 1만 5,000여 개다. 이 가운데 음란물이 절대 다수^{96%}다. 특히 이 음란물에 등장한 얼굴의 25%는 한국 여자 연예인이었다. IT업계 관계자는 "한류 문화가 확산하면서 한국 여성 연예인 인기가 많다 보니 생긴 현상"이라고 분석했다. 페이스북은 2019년 9월 딥페이크 탐지기술을 개발하여, 페이스북에 딥페이크 콘텐츠가 발견되면 즉시 삭제하고 있다. 국내에서는 2020년 3월 성폭력범죄처벌 특례법^{딥페이크 처벌법}이 국회를 통과하였다.

스스로 생각할 줄 아는 기계

기술이 빠르게 발달하며 우리가 예상하지 못했던 문제가 일어나고 있지만, 인공지능이란 본래 데이터를 분석하여 인지 · 학습 · 추론 · 예측 · 판단 · 행동 · 감성 · 창의성 등을 컴퓨터 프로그램으로 실현한 것이었다. 인공지능은 크게 머신러닝과 딥러닝으로 나눌 수 있다.

머신러닝machine learning이란 완전 자동화가 아닌 반자동화를 의미한다. 즉 기계가 스스로 학습하는 것으로, 지도학습, 비지도학습, 강화학습으로 구분된다. 딥러닝은 인간의 뉴런과 비슷한 인공신경망 방식으로 구성되어, 스스로 학습하며 문제를 해결한다.

지도학습supervised learning은 입력된 데이터에 대한 판단 결과가 명확히 주어진 경우 사용한다. 개와 고양이 사진을 구분하는 것을 예로 들 수 있다. 이때 입력은 사진이고, 출력은 개 또는 고양이인지의 여부가 된다. 개인지 고양이인지의 여부가 기록된 사진을 이용해 지도학습을 하며, 학습 결과는 훈련 데이터에 포함되지 않은 사진을 구분하는 데 적용된다. 지도학습은 기계 번역, 상품 추천, 질병 진단, 인구예측, 수수료 예측, 라벨링 된 이미지 분류 등에 응용될 수 있다.

비지도학습unsupervised learning은 입력된 데이터에 대한 판단 결과가 명확하게 주어지지 않는 경우 사용한다. 따라서 이는 군집분류clustering에 사용된다. 꽃 분류 문제는 대표적인 사례다. 아이리스 꽃 분류 문제는 150개의 꽃 이미지를 꽃받침sepal의 길이와 폭, 꽃잎petal의 길이와 폭 등 네 가지 특징을 이용해서 총 세 종류의 꽃Iris Setosa, Iris Versicolour, Iris Virginica으로 군집분류하는 것이다. 비지도학습은 이상 탐지 시스템FDS, 동물 구분하기, 학습을 통한 추천넷플릭스 추천 등에 활용된다.

한편 강화학습reinforcement learning도 있다. 이는 주어진 문제의 답이 명확히 떨어지지는 않지만, 결과에 따라서 보상Reward과 손실Penalty이 주어진다면 이를 통해 보상을 최대화하는 방향으로 진행하도록 모델을 학습하는 방식이다. 이러한 예는 목표를 달성하면 보상, 실패하면 재시도하는 아타리의 벽돌 게임이 있다.

딥러닝deep learning은 다층구조 형태의 신경망을 기반으로 하는 머신러닝의 한 분야로, 다량의 데이터로부터 높은 수준의 추상화 모델을 구축하고자 하는 기법이다. 이는 뇌의 정보 전달 방식과 유사하게 신경망 구조를

〈도표〉 인공지능 트렌드

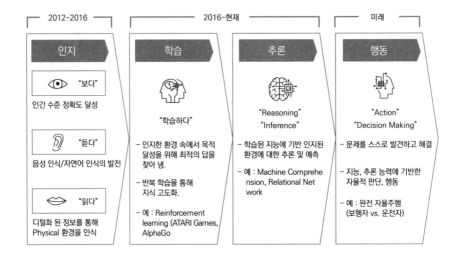

자료: 〈최근 인공지능 개발 트렌드와 미래의 진화방향〉, LG경제연구원

여러 층으로 깊이^{deep} 있게 구성하여 학습을 진행한다.

　인공지능은 과거 '보고 · 듣고 · 읽다'의 인지 기능 위주였으나, 최근에는 학습과 추론을 기반으로 발전되고 있다. 향후에는 인공지능이 문제를 발견하고 해결하며, 자율적 판단 · 행동을 하는 추세로 진화될 것이다.

대통령 만난 손정의, "첫째도, 둘째도, 셋째도 인공지능"

1997년 5월 IBM의 슈퍼컴퓨터 딥블루^{Deep Blue}가 당시 체스 세계 참피언이었던 게리 카스파로프^{Gary Kasparov}를 물리치면서 인공지능이 주목을 받았고, 2011년 2월 IBM 왓슨^{Watson}이 미국 텔레비전 방송 프로그램인 〈제퍼디^{Jeopardy}〉 퀴즈쇼에서 우승을 차지하면서 인공지능에 대한 관심도가 높아졌다.

2016년 3월 세계 최상위급 프로기사인 이세돌 9단과 인공지능 알파고가 다섯 차례의 공개 대국을 벌였다. 결과는 예상을 깨고 알파고가 4승 1패로 승리하여 인공지능의 위력을 세상에 보여주었다. 알파고는 구글의 딥마인드^{DeepMind Technologies Limited}가 개발한 인공지능 바둑 프로그램이다. 알파고와 이세돌의 대결은 그동안 미미하게 느껴졌던 인공지능이 장막을 걷어내고 세상에 드러난 것이다. 이때부터 우리나라뿐만 아니라 전 세계적으로 인공지능의 바람이 강하게 불었다.

같은 시점인 2016년 인천 가천대학교 길병원은 암 진단을 위한 '왓슨 포 온콜로지'가 도입했고, 이후 부산대학교병원, 대구가톨릭대병원 등 7개 병원이 왓슨을 도입했다. 2016년 롯데그룹은 IBM의 AI 솔루션 왓슨을 도입해 백화점, 마트, 편의점, 면세점 등 다양한 경로에서 수집되는 고객 데이터를 활용해 대고객 서비스를 극대화하겠다고 밝혔으며, 우선적으로 유통 관런 계열사에 '지능형 쇼핑 어드바이저'를 도입하였다.

2019년 7월 4일 소프트뱅크 손정의 회장은 문재인 대통령을 만나 미래 대한민국 발전 방향에 관해 이야기를 나누면서 "첫째도 인공지능, 둘째도 인공지능, 셋째도 인공지능"이라고 조언했다. 손정의 회장은 재일교포로 아버지의 영향을 받아서 한국에 대단한 애정을 갖고 있다. 그는 일본어를 영어로 번역하는 프로그램을 개발해서 100만 달러에 팔고 이를 기반으로 오늘날의 소프트뱅크를 일구었다.

손정의 회장은 김대중 대통령에게 초고속 인터넷을 강조했고, 노무현 대통령에게는 온라인게임 산업 육성을 권했던 적이 있다. 손정의 회장은 "AI는 인류 역사상 최대 수준의 혁명을 불러올 것"이라며, "한국이 AI 후발국이지만 한 번에 따라잡는 과감한 접근이 필요하다. 세계가 한국의 AI에 투자하도록 돕겠다"라고 강조했다. 손정의 회장은 소프트뱅크를 운영하며, 다양한 디지털 기업에 투자하고 있기에 그의 '인공지능 퍼스트'라는 통찰력을 우리는 믿어야 한다.

글로벌 기업이 꽉 잡고 있는 '인공지능'

인공지능의 주요 플레이어는 IBM의 왓슨, 구글의 텐서플로Tensor Flow, 페이스북의 빅서Big Sur, 마이크로소프트의 CNTK를 꼽을 수 있다.

IBM의 왓슨은 자연어 형식으로 된 질문들에 답할 수 있는 인공지능 컴퓨터 시스템이다. 왓슨은 체스 게임, 퀴즈 대결, 영화 예고편 제작뿐만 아니라 암 진단 '왓슨 포 온콜로지'로 우리에게 알려졌다. 현재 왓슨은 다양한 기능을 제공하고 있는데, 챗봇, 왓슨 디스커버리^{데이터에서 트렌드 모니터링 및 패}_{턴 추출}, 자연어 처리, 디스커버리 뉴스^{뉴스 제공}, 왓슨 날리지 스튜디오^{코딩 없}_{는 컴퓨터 언어}, 언어 번역, 자연어 해석·분류, 퍼스널 인사이트^{글을 통해 사람의} _{개성, 필요, 가치관을 예측}, 톤 애널라이저^{텍스트를 통해 감정 및 커뮤니케이션 스타일을 이} _해, 비주얼 레코그니션^{시각적 콘텐츠에 태그를 지정하고 콘텐츠를 분류 및 검색}, 텍스트 음성 변환, 음성 텍스트 변환 등과 같은 것이다.

구글의 텐서플로는 우리가 보편적으로 사용하는 인공지능 프로그래밍 언어이다. 이는 데이터 플로우 그래프를 활용해 수치 계산을 하며, 딥러닝과 머신러닝 등에 활용하기 위해 개발된 오픈소스 소프트웨어다. 이는 구글 브레인 팀이 만들었고 2015년 11월 오픈소스로 공개되었다. 텐서플로는 구글 검색, 구글앱 상의 음성인식, G메일에서 메일을 읽고 상황에 알맞은 예시 답장을 제공하는 '똑똑한 답장 서비스' 등에 적용되었다. 텐서플로는 오픈소스이므로 학생, 개발자 등 누구나 사용할 수 있다.

페이스북은 2015년부터 빅서라는 GPU 서버를 자체 제작해서 데이터 센터에 탑재하기 시작했다. 최근 페이스북 동향을 보면 사진에 등장하는 인물이 누구인지 자동으로 인식해서 태그를 달아준다. 빅서는 이렇게 사진에서 얼굴 및 사물을 인식하고, 실시간 번역 서비스에도 투입됐다. 2017년에 발표한 빅 베이슨Big Basin은 빅서의 후속 서버로, 빅서보다 GPU 기능이 강화됐다. 빅서는 미국 캘리포니아 중부 해안에 있는 절벽 지대의 이름을 딴 것으로, 페이스북은 사진 내용 인식, 뉴스피드 내용 필터링, 자동 텍스트 번역 등에 사용 중이다.

CNTK는 마이크로소프트의 인공신경망neural networks을 정의하고 학습시킬 수 있는 소프트웨어이다. 2017년 마이크로소프트는 기존 명칭인 CNTK 대신 '마이크로소프트 코그너티브 툴킷Microsoft Cognitive Toolkit'이란 이름을 내걸었다. 이는 심층신경망을 다루는 고수 개발자가 완전히 입맛대로 고쳐 쓸 수 있는 기술이 되도록 만들고 있다.

인공지능으로 상품을 혁신하다

인공지능은 우리의 생활 주변에 이미 다가와 있다. 인공지능 청소기, AI 스피커, 인공지능 번역기, 인공지능 변호사, 자율주행차, 인공지능 작곡, 로봇 등에 인공지능이 활용되는 것은 우리가 이미 알고 있다.

우리 생활에 밀접한 인공지능은 아마도 AI 스피커이다. 아마존 에코Amazon Echo는 대표적인 사례이다. 이 기기는 '알렉사Alexa'라는 이름에 반응하는 '음성 통제 가상 비서 서비스' 알렉사에 연결된다. 이는 음성 상호작용, 음악 재생, 할 일 목록 만들기, 알람 설정, 스트리밍 팟캐스트, 오디오북 재생, 날씨, 트래픽 및 기타 실시간 정보를 제공할 수 있다. 또한, 알렉사는 스마트 홈 허브 역할을 하면서 자신이 직접 여러 스마트 장치를 통제한다.[7] 또 다른 AI 스피커로는 '구글 홈', 애플 '홈팟', 마이크로소프트 '인보크'가 있다. 국내에서는 SKT의 '누구', KT '기가지니', 네이버 '웨이브' 그리고 최근 합류한 카카오의 '카카오미니'가 있다.

인터넷의 바다를 감시하는 인공지능

인공지능은 콘텐츠 분야에도 적용된다. 네이버가 자체 개발한 음란물 필터링 인공지능 기술 '네이버 엑스아이$^{X-eye}$'는 부적절한 내용을 담은 이미지가 자사 사이트에 올라오면 24시간 365일 실시간 감지를 통해 검색 노출을 막는다. 정식 공개 전 네이버는 엄청난 양의 이미지를 40여 가지 라벨로 분류해 10개월 동안 인공지능을 학습시켰다. 네이버 엑스아이 최근 버전의 내부 실험 결과에 따르면, 음란물과 그렇지 않은 이미지 400만 장으로 필터링을 했을 때, 98.1%의 높은 필터링 효과를 보였다. 네이버는 이를 향후 동영상에도 적용할 방침을 가지고 있다.

법률, 의료 등 전문 서비스도 충분히 수행

인공지능의 성과를 보여주는 분야 중 하나는 법률서비스 분야이다. 2016년 미국 대형 법무법인 베이커 앤 호스테틀러^{Baker&Hostetler}가 파산 분야에 '로스^{ROSS}'라는 이름의 인공지능 변호사를 배치했다. 이는 스타트업 로스인텔리전스가 만든 인공지능으로, IBM 왓슨을 기반으로 한다. 최초 인공지능 변호사가 하는 일은 판례 수천 건을 검색해 베이커 앤 호스테틀러가 수임한 사건에 도움이 될 만한 것들을 고르는 일이다. 주로 초보 변호사들이 하던 일을 인공지능이 맡아서 하게 된 것이다. 로스는 단순한 검색 도구를 넘어 질문을 받고 관련 법률 사례를 분석해 적합한 답변을 주기도 한다.

위의 사례들 외에도 인공지능은 가정, 기업, 법률, 의료, 작업, 농업, 창작 등의 다양한 분야에서 성공적으로 활용이 되고 있다.

· 가정: 인공지능 스피커, 반려동물 장난감

· 법률: 변호사, 법률상담 서비스

· 의료: 난민 심리치료, 시각장애인의 눈, 치매 예측, 심정지 예측, 시신경 질환 예측, 졸음운전 예측, 다이어트 분야

· 직업: 바둑 기사, 아케이드 게이머, 기자, 사물 감별사, 미인대회 심사위원

· 농업: 오이 분류, 잡초 제거

· 창작: 작곡, 워터마크 제거, 음란물 필터, 저작권 침해 예방, 영상 조

작, 드레스 제작, 영화 선호도 예측
- 기업: 이유식 재료 선정, 매장 레이아웃 개선, 신용카드 거래 승인
- 안전 · 환경: 자살 예방 상담사, 멸종 위기 동물 보호, 지능형 CCTV, 자연재해 예측, 꽃가루 알레르기 위험 지수 관리, 상어 감지, 폐기물 분류
- 작업: 흑백 사진을 컬러로 보정, 돌고래 언어 해석, 그림 도우미, 포르노 비평가, 고문서 번역, 대선 뉴스 큐레이터, 영화 예고편 제작, 명품 가방 판별, 번역기, 채용 도우미, 목소리 재현

한국의 인공지능 실력은 '아직'

국내의 삼성전자, 현대자동차, SK, 네이버 등 많은 기업이 AI 인재를 확보하여 인공지능 활용에 전력을 다하고 있다. 그러나 국내의 인공지능 추진은 아직 궤도에 올라있지 않다. 무엇보다 인공지능 전문인력이 부족하며, 교육기관 역시 교수진을 확보하기 어렵다. 따라서, 산업계에 종사하는 연구원들이 초빙되어 강의하는 상황이다. 업계에 따르면 국내 인공지능 전문인력의 처우 수준은 연봉 3억 원에 이르지만, 그마저도 확보가 용이하지 않다고 한다. 국내에서 추진되고 있는 인공지능 관련 사업 역시 아직은 초기 단계 수준이다. 다음은 국내 공공 영역의 인공지능 관련 추진사업이다.

· 불건전 알고리즘 거래 분석을 위한 AI 모델 연구^{한국거래소}

· AI 기반 민원서식 작성 도우미 서비스 개발^{한국지역정보개발원}

· AI 기반 실시간 재난정보 탐지 및 매핑 체계^{국립재난안전연구원}

· 인공지능 기반 스마트 도정 안내 서비스 구축^{경상남도}

· 자율주행 인공지능 학습 데이터 가공^{한국교통안전공단}

· 인공지능을 활용한 단기 예측 도구 개발^{국립환경과학원}

· 인공지능 면접체계 구축^{국군재정관리단}

· AI를 활용한 안전성 정보 탐지 기반 마련^{한국의약품 안전관리원}

· 인공지능기반 민원신청 시스템 구축^{한국정보화진흥원}

· 데이터 기반 인공지능 고객상담 시스템^{국민연금공단}

· 폭염 대응 및 인공지능 활용기술 개발^{국립기상과학원}

· 해수 배관 점검용 인공지능 로봇 플랫폼 개발^{한국수력원자력}

· 딥러닝 기반 교통량 분석 모델 구축^{경상남도 양산시}

· 인공지능 기반 기업평가모형 개발^{중소벤처기업진흥공단}

· AI기반 실시간 재난정보 탐지 · 매핑 체계 구축^{국립재난안전연구원}

한편 우리의 글자인 '한글'에 관한 이슈도 있다. 우리는 한글이 과학적이라고 자랑한다. 하지만 한글의 조사 규칙은 너무 까다롭기만 하다. 따라서 한글 맞춤법 검사기는 저마다 다르다. MS-Word, 한글, 네이버 맞춤법 검사기, 국립국어원 맞춤법 검사기 등으로 문장에 대한 맞춤법 검사를 하면 저마다 다른 결과가 나온다. 이는 왜 그럴까? 한글 형태소 분석에 대한 한계 때문이다. 완벽한 한글 형태소 분석 엔진을 만들어서 API를 통해 문서 편집기나 관련된 응용프로그램에서 활용할 수 있다면 좋을 것이다.

최근 ETRI^{한국전자통신연구원}에서 '엑소브레인' 구어체 분석 API를 공개했다. 이는 글과 사람의 언어를 이해할 수 있는 인공지능 서비스 개발에 도움을 줄 것으로 보인다. 따라서 이를 통해 향후 AI 비서·챗봇 등 서비스 산업 활성화에 기대해본다.

인공지능이 가져올 부작용을 우려하다

인공지능은 디지털 시대의 메가트렌드로 인식이 되고 있지만, 다른 한편에서는 인공지능을 거부하는 움직임이 있다. 앞서 이야기한 딥페이크처럼 인공지능이 가져올 부정적인 측면을 파헤치는 것이다. 인공지능에 대한 부정적 요소는 다음과 같다.

① 인공지능이 인간의 일자리를 빼앗는다.

② 인공지능의 윤리적 이슈를 해결해야 한다.

③ 인공지능의 보안이 뚫리게 되면 엄청난 피해를 입을 수 있다.

④ 범죄에 악용될 가능성이 높다.

⑤ 인공지능이 인간의 결정을 대신할 수도 있다.

⑥ 인간적인 측면이 배제되어 있다.

그렇다면 인공지능은 왜 필요한가? 사례를 통해서 생각해 보자. 저자는 대학 정보시스템 컨설팅을 수행한 적이 있었다. 마침 취업지원센터 담당자를 면담하게 되었는데, 요즘 대학생의 관건은 취업이 1순위라며 취업을 위한 많은 노력을 학교 차원에서 추진하고 있다고 한다. 하지만, 막상 이력서, 자소서 등의 취업서류를 장만하여 회사에 제출하면 서류전형에서 무더기로 퇴짜를 당한다는 것이다.

대기업의 취업 경쟁률이 터무니없이 높다 보니, 지원자 한 사람의 서류를 검토하는데 걸리는 시간은 평균 5초라고 한다. 입사원서는 펼쳐보는 순간 휴지통에 들어가는 것이다. 취업지원자들은 며칠 밤을 새우며 이력서와 자소서, 그리고 스펙을 증명하는 서류를 장만한 것이다. 지원자는 서류전형 통과를 바라는 마음이지만, 최소한 채용담당자들이 자신의 서류를 제대로 검토해 주기를 바라는 것이다.

그렇기에 국내에서 일찌감치 도입된 것이 채용 분야의 인공지능 적용이다. 원리는 기존 합격자의 데이터를 학습 데이터로 활용해 AI를 학습시킨 후, 새로 입력된 자소서가 합격에 가까우냐, 불합격에 가까우냐를 판단하는 것이다. 300자 내외의 문장 조합이 어느 쪽에 근접하는지를 판단하는 과정이다. 유사도가 50% 이상이면 합격, 50% 이하면 탈락으로 처리된다.

실제로 소프트뱅크에서 다섯 명의 지원자를 놓고 사람이 한 것과 인공지능이 한 것의 일치도를 평가했는데, 사람과 인공지능이 네 번째 지원자를 동일하게 불합격시켰다고 한다. 사람이 직접 한 명의 서류를 확인하는 데 3분이 걸린다면, AI는 15초에 완료되었다고 한다. 채용업무는 업무의 효율화 · 정확성 · 공정성을 근간으로 하기 때문에 AI 채용은 합리적이라 할 수 있다. 국내에서도 SK하이닉스는 'Aibril 채용 헬퍼'를 적용하여 채용업무를 수행한다. 이렇듯이 인공지능은 우리 주변에 산재한 다양한 문제를 해결하는 데 유용한 결과를 가져다주기 때문에 점차 적용 범위가 넓혀가고 있으며, 우리는 보다 적극적인 관심을 가져야 할 시점으로 여겨진다.

국가경쟁력 높이려면 강력한 투자 필요

최근 세계적인 대학의 연구 및 프로젝트들은 '더 스마트한 AI', '안전하고 인간에게 유익한 AI' 개발을 핵심 목표로 하고 있다. 이를 위해 아래의 연구가 상호 연계되어 추진 중이다.

① AI 핵심 기술

② 세계적 난제 및 사회 현안 해결 방안

③ 안전한 AI

④ 사회 · 경제적 영향력 연구

머신 인텔리전스 플랫폼 업체인 'CB insights'는 세계 약 5,000개 스타트업을 대상으로 특허 활동, 시장 잠재력, 경쟁 환경, 기업 강점, 모자이크 스코어CB insights 알고리즘을 토대로 비상장기업 전반의 시장성, 재무 상태, 성장 잠재력 등을 측정해 기업의 성장세를 예측하는 자체 개발 지표 등 여러 요소를 검토해 2020년 유망 AI 스타트업 Top100을 선정하였다. 이는 헬스케어, 소매 · 물류, 교통, 교육, 금융 · 보험 등 15개 산업에 고루 분포되었다. 국가별 분포로는 미국 기업이 65개로 압도적 비중을 차지한 가운데 영국 · 캐나다 각각 8개, 중국 6개 순이며 우리나라 기업은 전무하다. 여기서는 산업공통, 소매, 물류, 건설, 정부, 도시계획 등 20개 산업영역 별로 100개 스타트업에 대한 AI 개발 분야를 분류하였다.

〈도표〉 CB insights 선정 100개 스타트업 AI 개발 분야

분야	주력기술
산업공통	사이버보안, 자연어 처리, 컴퓨터 비전, DevOps & model monitoring, BI & operational intelligence, 판매·CRM, AI 모델 개발, AI 프로세서, ID verification)
소매/물류	무인결제 솔루션, 물류 자동화, 도매시장, 전자상거래 솔루션, 트렌드 예측
건설	스케줄 계획, 로봇기반 건설장비
정부/도시계획	폐기물 재활용, 컴퓨터 행동 모형(Commuter behavior modeling), 무인시스템, 체크 포인트 보안, 지도
헬스케어	신약개발, 휴대용 초음파, RWE(Real World Evidence) 솔루션, 심장의학, 연합(Federated) 학습, 병리학, 바이오제약(희귀질환), 방사선 이미지 재구성, 스트로크 감지, 단백질 치료제, 소비자 진단, 의료영상
교통	자율주행 자동차, 고속도로 운전, AV 소프트웨어, 화물관리, 자율주행 트럭, 철도장비
음식/농업	유전자 플랫폼, 실내농업, 식재료 탐색
에너지	석유·가스, 그리드 최적화
부동산	스마트 홈 애플리케이션
제조	재료탐색, 공급망 최적화, 실내공간 매핑, end to end 솔루션
통신	시그널 프로세싱, 안테나 설계
미디어/엔터테인먼트	스트리밍 및 시청자 수익화(Audience Monetization) 플랫폼, 스포츠, 음성합성, 딥페이크(Deepfakes)
금융보험	문서처리, 주택 및 임차인 보험, 재산/사상자 보험, 자금세탁방지, 사기방지, 클레임 처리
법률	계약관리
교육	맞춤형 학습
광산	예측 관리

또한 CB insights는 〈Artificial Intelligence Trends To Watch In 2020〉를 통하여 최신의 인공지능 현황을 제시하였다. 이는 딥페이크의 등장과 스턴

트맨을 대신할 수 있는 그러한 긍정적인 적용 분야 제시, 차세대 해킹으로 인공지능 트로이 목마 및 목소리 흉내 내기voice spoofing, 자동 머신러닝 측면에서 AI가 또 다른 AI를 디자인하는 미래, 연합학습federated learning을 통한 새로운 데이터 협력 생태계new data partnership ecosystem, 구글 모기업 알파벳이 AI를 이용해 스마트시티를 건설하는 계획, 양자 기계학습 등을 제시하였다.

우리나라를 비롯한 전 세계가 코로나19 전쟁을 겪고 있다. 하지만 이 또한 지나갈 것이다. 그러나 우리는 이 전쟁이 끝난 후 AI 전쟁 혹은 또 다른 커다란 빙벽을 마주하게 될 것이다. 이는 국가 안보만큼이나 큰 이슈다.

손정의 회장이 인공지능을 강조했지만, 과연 국가적인 차원에서 무엇을 준비하고 있을까? 대한민국이 인공지능의 고지 도달을 위해서는 전문 인력 양성이 가장 시급하다. 정부 차원에서 AI 인력에게 병역 특례 혜택이나 장학금을 지원해야 할 수 있다. 또한 인공지능은 각 분야에서 참여해야 하는데, 인공지능에 접근하기 위해서 인공지능의 기본이 되는 수학교육이 필요하다. 따라서 인공지능 및 인공지능을 위한 수학교육에 대해 전면 무료교육이 시급하다. 이러한 노력이 모여 국가경쟁력이 높아질 것이다.

TREND 9
인공지능의 역습 II —
업무로봇

153만 명이 이용한 카카오뱅크 챗봇

2019년 7월, 출범 2년 만에 인터넷 은행인 카카오뱅크는 고객 1,000만 명을 돌파했다. 카카오뱅크가 진행한 선착순 '연간 5%^{세전} 특판 예금'과 '26주 적금 이자 두 배 이벤트'는 높은 금리를 원하는 고객에게 뜨거운 관심을 받았다. 오프라인 점포가 없는 카카오뱅크에서 이런 이벤트를 무사히 치를 수 있을까?

이벤트 개시 전에 엄청난 규모로 증가한 고객 문의를 소화해낸 주인공은 바로 챗봇^{Chatbot}이다. 상담 고객의 50%가 상담원 도움 없이 챗봇으로 궁금증을 해소했다. 상담 챗봇은 모바일 채팅을 통해 24시간 고객과 커뮤니케이션 하면서 인터넷 은행의 면모를 갖추도록 하고 있다. 카카오뱅크는 콜센터의 상담원 전화로만 고객 응대에 한계를 인식하고, 출범 초부터 챗봇 서비스를 준비하였다. 현재 카카오뱅크는 온라인 고객 상담의 35%를 챗봇으로 해결한다. 카카오뱅크의 챗봇 사용자는 153만 명이고, 누적된 챗봇 대화 건수는 568만 건이다. 이제는 챗봇이 정상적인 고객 응대 채널로 포지셔닝한 것이다.

영화 〈그녀〉

2013년 개봉한 미국 영화 〈그녀her〉는 영화 평가 사이트 로튼토마토에서 토마토미터 95%를 획득한 성공한 작품이다. 편지 대필작가인 '테오도르'는 타인의 마음을 전해주는 일을 하지만 정작 아내와 별거 중인 자신은 외롭고 공허한 삶을 보내고 있다. 그는 어느 날 스스로 생각하고 느끼는 인공지능 챗봇 '사만다'를 만나게 된다. 그는 자신을 이해하고, 귀를 기울이며 말을 들어주는 사만다와 사랑의 감정을 느끼게 된다. 테오도르는 사만다에게 고백을 하지만 사만다는 자신은 수천 명과 대화를 나누는 컴퓨터 운영체제라는 말을 한다. 개봉 당시에는 '미래에는 저럴 수 있겠구나' 하는 생각을 하며 봤던 영화인데 이를 요즘 식으로 말하자면 인공지능 기반 챗봇이라고 할 수 있다.

매출은 200% 증가, 순이익은 그대로?

보험회사인 '스테이트 오토 파이낸셜State Auto Financial'은 직원들이 직접 손으로 클레임 처리하는 일을 줄이기 위해 로봇 프로세싱 자동화RPA, robotic process automation를 활용하고 있다. 미국 30개 주의 고객들에게 서비스를 제공하면서 매출 30억 달러를 기록하고 있는 재산 및 상해 보험사인 이 회사는 고객 경험 향상을 위한 비즈니스 트랜스포메이션의 일환으로 RPA를 도입했다.

이 회사는 지난 몇 년간 매출이 두 배 정도 증가했음에도 불구하고 순이익이 답보 상태였기 때문에 변화가 절실했다. 스테이트 오토는 IT 시스템과 프로세스를 평가한 후, 95년 역사의 이 회사에 각종 기술 정체에서 초래된 비효율성이 존재한다는 점을 발견했다. 스테이트 오토는 편리하고 사용자 친화적인 디지털 서비스에 대한 소비자의 기대와 요구를 충족할 수 없는 삐걱거리는 전통적인 정보시스템 유지관리에 연간 1,400만 달러를 지출하고 있었던 것이다.

스테이트 오토의 보험료 산정 프로세스는 사람과 컴퓨터를 매개체로 하는 일련의 정보에 기반하여 이뤄지고 있었는데, 자동차 보험에 대한 보험료 산정에 15분~40분, 서류 처리를 끝내고 보험증서를 고객에게 전달하는데 2주가 소요되고 있었다. 이 회사는 프로세스 디지털화를 통해 고객에게 5분 만에 보험료에 대한 정보와 인쇄할 수 있는 보험 카드를 제공하는 새로운 디지털 플랫폼인 '스테이트 오토 커넥트State Auto Connect'를 구상했으며, 9개 상품 가운데 6개를 스테이트 오토 커넥트에 맞게 혁신했다.

이 과정에서 스테이트 오토 파이낸셜은 모든 전통적인 정보시스템을 없앨 수 없다는 점을 인식하고, RPA로 비즈니스 프로세스의 간극gap을 없애기 시작했다. 지금은 이런 단계 가운데 상당수 업무를 챗봇이 24시간 처리하면서 클레임 처리 속도를 크게 향상시켰다. 약 80명의 풀타임 직원이 처리하는 일을 자동화했을 정도다. 회사는 이를 통해, 보험 관련 업무를 더 빨리 처리하고, 고객에게 품질이 더 높은 서비스를 전달할 수 있게 되었다.

24시간 일하는 노동력

챗봇과 RPA는 직장에서 인간을 대신해 업무를 수행하고 있다. 우선 챗봇에 대해 알아보자. 과거에는 로봇이 인공지능 스피커, 인공지능 로봇 반려견, 자동차 조립 로봇, 전투용 로봇 등 가정, 생산 현장, 국방 등의 업무에 적용되었다. 그러나 최근 디지털 전환의 흐름에 맞추어 업무공간에서 적용되는 챗봇을 기업이 적극적으로 도입하는 추세다.

〈도표〉 인공지능 기반 대화형 정보제공 에이전트 시스템 구성도

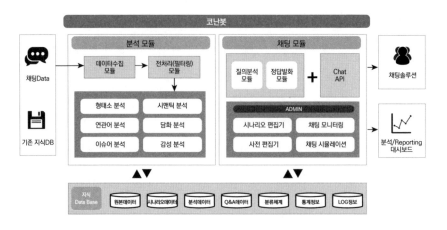

자료: 코난봇 소개서

챗봇의 등장은 마이클 몰딘Michael Mauldin이 1994년 미국의 전국 인공
지능 학술 대회National Conference on Artificial Intelligence에서 발표한 논문에
채터봇ChatterBot이라는 용어를 사용하면서 시작되었다. 챗봇은 기업용 메
신저에 채팅하듯이 질문을 입력하면 빅데이터 및 인공지능을 활용하는 컴
퓨터가 고객과 대화를 하며 대답을 해주는 대화형 메신저다. 기업은 챗봇
을 도입하여 인건비를 절감하고, 동시에 많은 고객을 응대할 수 있으며, 24
시간 서비스를 제공할 수 있는 장점이 있다.

챗봇은 시나리오형과 인공지능형으로 구분된다. 시나리오형은 표준화
된 질의사항에 대한 대답을 한다. 인공지능형은 복잡한 질문에도 응답하

며, 자기학습도 가능하다. 오늘날에는 챗봇이 콜센터를 보완하는 고객 응대 수단으로 영역이 확장되고 있다. 최근에는 단순한 챗봇에서 한 걸음 나아가, 인공지능 기반 대화형 정보제공 에이전트가 등장하고 있다. 이는 자동상담, 자연어 처리, 채팅 관리로 구성된다. 자동상담은 시나리오 형태의 대화형 상담 지원, 의미기반 질의분석 모듈, 대화 주제 인식 기능, 사용자 감정 탐지 기능이 있고, 자연어 처리는 형태소 분석, 시맨틱 분석, 담화 분석 기능이 있으며, 채팅 관리는 시나리오 관리, 채팅 모니터링, 시뮬레이션 기능을 제공한다.

챗봇은 투자비가 적고, 효과가 높으며, 성공에 대한 위험이 적어서 국내에서도 활발하게 적용을 하고 있다. 특히 금융, 쇼핑, 공공분야가 그러하다. 네이버 클라우드 플랫폼과 카카오톡 플러스에서는 챗봇을 제작하는 도구를 지원한다. 현재, 국내에서 도입되는 챗봇은 시나리오형 챗봇이 주류를 이룬다. 향후에는 상담 데이터가 축적되어 이를 통한 인공지능형 챗봇으로 전환되기를 기대한다.

우리은행, 멜론, CJ택배는 챗봇을 어떻게 활용하는가

챗봇은 금융, 공공, 교육, 쇼핑, 택배, 콘텐츠, 안전, 의료, 법률 등 다양한 분야에 적용하고 있다. 우리은행은 '위비봇'을 통해 환전 관련 정보, 날씨, 인물정보 등 일반상식 제공, '우리 로보-알파'를 통해 고객별 정보와 성향에 적합한 최적의 자산 배분 포트폴리오 제공, '소리'를 통해 음성인식 기반으로 계좌조회, 간편 이체, 환전 신청, 공과금 납부 업무를 수행하고 있다.

공공분야에도 챗봇 도입이 활발하다. 여권, 자동차 등록, 지방세, 지역축제, 전자입찰 등의 상담에 활용된다. 교육 분야에서는 장학금 지급 상담과 대학의 학사 민원 상담이 주류를 이룬다.

쇼핑 분야도 챗봇의 주된 활용 분야인데, 롯데쇼핑은 '로사'를 통해 음성 대화 및 채팅을 수행하며 고객의 특징에 맞는 서비스인 맞춤형 상품 추천, 스타일 추천, 영업시간 안내, 휴무 안내, 지점 위치 안내, 브랜드 위치안내, 편의 시설 안내, 주차 안내, 문화센터 안내, 사은행사, 쇼핑 뉴스, 식당가 안내 등을 제공한다.

택배 업무도 챗봇이 유용하게 활용되는데, CJ대한통운은 '24시간 인공지능 택배 상담 챗봇'을 통해 택배 조회, 택배 예약, 반품 예약, 배송일정 확인, 택배 포장 방법, 국제 택배 접수 방법 등에 대해 질의응답 및 관련 업무를 수행한다.

콘텐츠 분야에서, 멜론은 음악 추천 인공지능 뮤직봇 '로니'를 통해 개인별 큐레이션 기능으로 맞춤형 선곡 서비스, 음악 또는 가수 관련 질문에 대한 응답 업무를 수행한다.

최근에는 식품안전 분야에서 챗봇을 활용한다. 미국 농림부는 음식 안전 및 검사를 위한 챗봇 'Ask Karen'을 통해 안전한 육류 준비 방법, 가금류, 계란 등의 이력정보, 식품 유통기한 정보 등을 제공한다.

의료분야에 적용사례를 살펴보자. '워봇Woebot'은 우울증 환자에게 친구가 되어준다. 자연어 처리 기능을 갖춘 워봇은 채팅을 통해 환자의 심리 추적, 심리 패턴 분석, 심리상태 개선, 인지 행동 테라피 등의 서비스를 제공한다.

업무지원을 위한 지능형 비서 'Talla'는 일정관리, 고객 관리, 문서 검색은 물론 예측, 자동화, 분류 업무를 수행한다. 'Do not pay'는 영국 최초의 로봇 변호사 챗봇으로 경제적인 이유로 변호사를 고용하기 힘든 사람들을 위해 간단한 신청 서류 작성, 소송 제기, 주차위반 분쟁의 법률 자문, 보증금 회수 신청, 출산휴가 신청 등을 서비스하며, 1,000가지가 넘는 법률 양식 작성을 위한 서비스를 준비 중이다.

행정에도 활용되고 있는 챗봇 서비스

서울시는 한국IBM과 함께 공동 개발한 인공지능 기반 챗봇 서비스로 신종 코로나바이러스 감염증코로나19 사태 이후 달라진 서울시민의 일상생활을 설문 조사한다고 밝혔다. '아이 · 케어 · 유I·CARE·U'로 이름 붙인 이 프로젝트의 설문조사는 IBM의 대화형 인공지능 플랫폼 기술인 IBM 왓슨

어시스턴트IBM Watson Assistant로 만들어진 AI 챗봇을 통해 이루어진다. 시민 설문 내용은 '사회적 거리두기로 고립감을 느꼈는지' '우리 사회에서 어려움을 겪는 계층은 누구인지' '코로나19 발생 이전과 비교할 때 육체 · 정신적 건강 상태는 어떤지' 등이다. 이 채팅 로봇에는 단어나 구句의 매칭뿐만 아니라 복잡하고 정교한 자연어 처리 기술이 적용돼 사람처럼 자연스러운 대화를 진행할 수 있으며, AI가 설문 답변을 즉시 분석하기 때문에 처리 속도가 빠른 장점도 있다.

〈도표〉 챗봇 서비스 발전 단계

구분	1단계 챗봇 서비스 (Chatbot)	2단계 지능형 비서 (Intelligent Assistant)	3단계 감성 비서 (Conscious Assistant)
제공 방식	텍스트, 음성	테스트, 음성, 시각자료	텍스트, 음성, 시각자료, 행동인지
입력 방식	폐쇄형, 개방형 일부	폐쇄형 일부, 개방형	폐쇄형 및 개방형 복합사용
주요 기술	패턴매칭, 키워드 및 연관 어 추출 등	딥러닝, 머신러닝, 자연어 처리 등	감성인지기술, 데이터 정 형화 기술 등
내용	학습된 내용 질의응답 사용자와 단순한 형태의 소통 검색을 통한 결과 제공	사용자의 패턴 및 상황을 고려한 개인 맞춤형 서비 스 제공 간단한 업무처리	감성 교류를 통한 각종 서 비스에 대한 선제적 대응

자료: 〈인공지능기반 챗봇 서비스 국내외 동향분석 및 발전 전망〉, 한국정보화진흥원

챗봇의 발전 단계는 챗봇 서비스, 지능형 비서, 감성 비서로 나누어진다. 현재 국내에는 주로 1단계인 챗봇 서비스에 머물러 있으며 주로 텍스트 기반의 서비스이다. 또한, 아직은 인공지능 기반의 챗봇이 확산되지 못했다. 이는 최소한 2~3년간의 챗봇 운영 데이터가 확보되어야 인공지능의 학습이 가능하다. 향후 지능형 비서 및 감성 비서 수준의 챗봇이 보편화 되기 위해서는 10여 년 이후에 가능하리라고 본다.

로봇이 화이트칼라를 위협하고 있다

이번에는 RPA에 대해 알아보겠다. RPA란 기업의 재무, 회계, 제조, 구매, 고객 관리 분야 데이터를 수집해 입력하고 비교하는 단순 반복 업무를 자동화해서 빠르고 정밀하게 수행하는 자동화 소프트웨어 프로그램이며, 최근에는 인공지능과 결합하며 빠르게 발전하고 있다. RPA는 최종 사용자의 관점에서 규칙 기반 비즈니스 프로세스로 설계되어 사람 대신 단순 반복 작업을 끊임없이 대량으로 수행한다.

RPA는 현재 규칙이 확실하게 규정된 작업만 처리할 수 있고 사람의 판단력을 대체할 수준은 아니다. 그리고 기계학습, 음성인식, 자연어 처리와 같은 인지 기술을 적용하여 사람의 인지 능력이 필요한 의료분야의

〈도표〉 RPA 특징

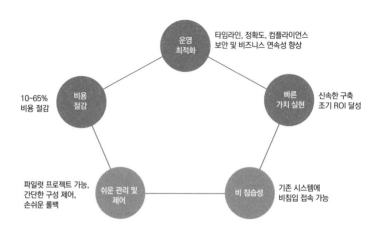

자료: Everest Global, 2017

암 진단, 금융업계에서의 고객 자산관리, 법률 판례 분석 등에 활용이 가능하다.

RPA는 비용 절감, 낮은 오류율, 서비스 개선, 업무 소요시간 단축, 운영의 확장성 확대, 컴플라이언스 개선 등의 효과가 있다. 또한, 며칠 또는 몇 주 내에 자동화 적용이 가능하므로 가치 실현 시간이 단축되고, 복사 또는 삽입 같은 단순 업무에서 휴먼 에러를 감소시켜주며, 몇 초 또는 몇 분 내에 대용량의 자동화 업무 실행을 통해 처리량을 증가시킨다.

RPA의 장점: 단기간 투자로 확실한 성과 가능

RPA는 기업이 추진하는 디지털 트랜스포메이션 중에 가장 인기가 있는 분야다. 투자비가 적고, 빠른 시간 내에 결과가 나오며, 타 기업의 사례를 참조할 수 있는 등 비교적 프로젝트 리스크가 적기 때문이다. 국내에서도 수작업이 많은 보험산업에서는 초창기에 도입이 되었으며, 은행, 공공기관, 대학, 제조 현장 등 다양한 분야에서 적용이 되고 있다.

과거 정보시스템에서 업무 자동화를 위해 사용하던 매크로 기능이 있었다. 이는 이후에 금융기관을 중심으로 적용되던 규칙기반 시스템Rule Based System과 합쳐져서 지금의 RPA로 발전되었다. RPA 업체는 유아이패스UiPath, 블루프리즘BluePrism, 오토메이션 에니웨어AA, Automation Anywhere가 있다.

RPA 솔루션의 선두 주자는 AA이다. 이는 웹 기반 및 클라우드 네이티브 RPA 플랫폼이다. AA는 SaaS 지원 플랫폼을 제공하고, 내장된 AI를 적용 및 머신러닝과 더불어 셀프 러닝 자동화 엔진을 탑재하고 있다. 그리고, RPA의 중요한 컨설팅 업체는 IBM이다. IBM은 로보틱 프로세스 자동화 업계 1위인 AA의 RPA 솔루션을 IBM 디지털 프로세스 자동화Digital Process Automation 오퍼링에 추가한 통합 RPA 솔루션을 국내 기업 고객에게 직접 공급하고, 기술 지원 서비스까지 제공하고 있다. IBM은 다양한 인더스트리 날리지를 바탕으로 RPA 도입 컨설팅을 펼치고 있다.

로봇 도입 후 '수작업 85% 감소'

영국의 철도회사인 버진 트레인Virgin Train은 RPA 도입을 통해 연착된 기차 승객에 대한 환불절차를 자동화했다. 고객의 이메일을 접수한 후에, 자연어 처리 도구가 이를 읽고, 문장의 의미와 정서를 이해하고 분류한 후, 고객에게 빠르고 정확한 서비스를 제공하기 위해 문장 속의 핵심 정보를 인식한다. 인지 컴퓨팅으로 고객 불만을 식별하는 것부터, 소프트웨어 봇을 통해 적극적인 환불처리 실행까지 전체 프로세스가 자동화되었다. 이 인지 자동화 솔루션은 하루 처리시간과 고객 이메일 대응에 관련된 수작업을 85%까지 줄였다.

한 대형 은행은 고객 불만 프로세스를 재설계해 85개의 소프트웨어 로봇 또는 봇bot을 투입시켜 열세 가지 프로세스를 운영하고 연간 150만 건의 불만 접수를 처리했다. 그 결과 은행은 230명의 정규직 직원에 준하는 처리 능력을 추가로 확보했고 더 많은 직원을 고용하는 경우와 비교해 약 30%의 비용 절감을 달성했다. 그리고 한 번에 업무를 완료하는 비율도 27%가 증가했다.

기존 프로세스 자동화를 넘어 기업들은 봇을 이용해 과거에는 비현실적이었던 새로운 프로세스를 실행하고 있다. 영국의 유통기업 숍디렉트 ShopDirect는 RPA를 이용하여 홍수로 인해 상품 대금 납부가 늦어진 고객들을 파악하고 자동으로 해당 고객들의 연체료 부과를 취소시켰다.

〈도표〉 IBM 자동화 서비스 발전 로드맵

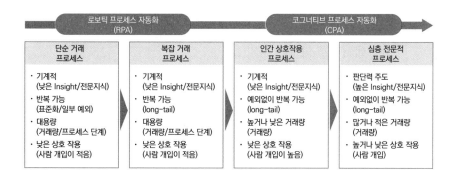

자료: IDG Tech Dossier

렌털 기업인 코웨이는 렌털 계정의 현황 모니터링, 판매 실적 집계, 렌털 자산 현황, 청구내역 조회 등의 업무에 70개의 로봇을 투입해 업무처리 속도를 50% 이상 끌어올린 바 있다.

미국 통신사인 AT&T는 주문 데이터 처리, 고객 리포트 작성 업무에 소프트웨어 로봇을 1,000개 이상 사용하고 있다고 한다.

RPA는 기업의 업무영역 중에서 데이터 수집, 데이터 프로세싱, 전문인력과의 상호 작업, 전문지식 적용 분야에서 적용이 가능하다. 이러한 분야는 기업 업무영역의 63%에 해당한다. RPA는 업무영역에 모두 적용되는 것은 아니다. RPA가 효과적인 업무 범주는 다음과 같다.

- 특정한 규칙성을 가진 반복 업무

- 정형 데이터를 다루는 영역

- 프로세스가 정의되고 표준화된 분야

- 고정된 시스템이나 특정 웹사이트를 통해 연결되는 분야

- 수작업 오류가 나기 쉬운 업무

- 많은 시간과 인력이 투입되는 업무

아직은 인간의 판단력을 따라가지 못하는 로봇

그러나 RPA가 만능은 아니다. 이의 가장 큰 문제는 예상보다 프로세스 복잡도가 높은 경우 또는 잦은 예외 케이스가 발생하는 경우이다. 따라서 개발비용이 증가되고, 현업 담당자의 개입이 많아지는 경우 RPA의 효용성은 하락한다. 실제로 RPA 프로젝트의 약 30%가 '코퍼레이트 토이corporate toy'로 전락하였다고 한다.

〈도표〉 분야별 RPA 적용 사례

은행	- 신용카드 사기 모니터링 - 구매 발주 처리 업무 - 고객 통지 업무 - 자금세탁방지 모니터링 - 자동차 등록 열람 업무
보험/카드/증권	- 정책 이관/취소 업무 - 카드 지급 거절 업무 - 현금 할당 업무 - 신용 통제 업무 - 보험 인수(언더라이팅) - 빌링, 클레임 업무 - 비대면 계좌 개설 - 카드 국제 정산
금융 공통	비대면 계좌 개설 승인 및 거부 처리 자동화 신분증 진위 여부 판단 자동화 외부 사이트에서 신용등급 조회 및 엑셀 보고서 작성 자동화 펀드 매매 기준 데이터 시스템 업로드 자동화 투자 분석 정보 취합, 분석 및 보고서 작성 업무 자동화 카드 발급 승인 및 거부 처리 자동화 고객 다량 등기 우편 발송 결과 정보 취합 및 시스템 등록 자동화
제조	자재 및 생산관리를 위한 BOM 데이터 조회 및 ERP 입력 자동화 물품 대금 및 작업비 청구서 프로세스 자동화 판매 코드 기준 데이터 집계 자동화 중간관리자 수수료 계산서 승인 요청 업무 자동화 선적 문서 데이터 조회 및 ERP 입력 자동화
유통	재고관리 입력 및 승인 프로세스 자동화 POS 데이터 입력, 처리, 보고 프로세스 자동화 제품 수출입 선적서류 처리 자동화 월 마감 업무처리 자동화
백오피스 및 HR	- 계약 변경 업무 - 인사채용 및 퇴직 업무 - 연금 관리 업무 - 인사정보 변경 업무 - 신규 인력 훈련 업무 - 매출 자료 업로드 법인카드, 출장비, 매입 세금계산서 처리 자동화

RPA의 향후 전망은 어떨까? 아마도 2가지 사실로 요약될 것이다. 첫째, 모든 기업과 조직이 단순 프로세스 자동화를 위해 필수적으로 도입을 할 것이다. 둘째, 복잡한 업무 및 예외 처리가 빈번한 업무의 자동화를 위해서 인간 상호작용 및 심층 전문적 프로세스를 지원하는 코그너티브 프로세스 자동화를 실현할 것이다.

◇◇◇◇◇◇◇◇

TREND 10
도시가 하나의 유기체처럼 움직인다면

2020년 6월, 밴쿠버 스마트시티 계획 전면 백지화

스마트시티는 수집된 데이터 분석을 기반으로 AI 등을 통해 도시를 효율적으로 거버닝하고 통제하는 역할을 한다. 여기서 스마트시티의 딜레마가 발생한다. 스마트시티는 도시 통제력을 확보하려고 할수록, 시민들의 생활 활동 데이터가 중앙으로 집적되고 통제되는 모순이 발생하기 때문이다. 시민을 자유롭게 하기 위한 것이 스마트시티의 목적인데, 이를 위해서는 시민의 자유를 침해하는 데이터 수집이 가속화되기 때문이다.

스마트시티는 시민들의 이동, 생체, 위치, 건강, 접촉, 커뮤니케이션 활동 등을 실시간으로 수집 및 분석하게 된다. 또한 코로나19에 따른 감염자 경로를 추적하거나, 언택트를 위한 정책 수립 및 집행과정을 위해서는 시민 데이터 수집이 필수적이다. 영국의 소설가 조지 오웰George Orwell의 《1984》와 같은 빅브라더가 탄생하는 것이다. 이는 긍정적 의미로는 선의 목적으로 사회를 돌보는 보호적 감시의 의미이지만, 부정적 의미로는 음모론에 입각한 권력자들의 사회통제 수단이 될 수 있다.

구글은 2015년부터 캐나다 밴쿠버에서 추진했던 스마트시티 추진을 2020년 6월에 전면 백지화했다. 구글이 밴쿠버를 첨단 도시재생 사례로 만드는 것을 주 정부에서는 환영했다. 그러나 정작 밴쿠버 주민들은 이를 외면했다. 각종 감시장비, 위치정보 및 개인 데이터의 사적 활용 등이 그 원인이다.

현재 국내 지방자치단체에서 코로나19 및 언택트 확산을 고려한 스마트시티를 구상하고 있을 것이다. 그러나, 아직 발표된 것은 없다. 이는 부정적인 여론의 우려 때문일 것이다. 따라서 스마트시티는 기술 주도적으로 추진되기보다는 사회, 환경, 법률 등 다각적인 관점에서 조심스럽게 접근해야 할 것이다.

이처럼 언뜻 보기에는 말도 많고 탈도 많은 스마트시티를 꼭 도입해야 할까? 이를 판단하기 위해서는 우선 스마트시티의 장점을 살펴봐야 한다.

암스테르담, 스마트시티를 열다

암스테르담은 2009년 교통량을 줄이고 공공안전을 개선하기 위해 암스테르담 스마트시티ASC, Amsterdam Smart City 플랫폼을 구축했다. 이는 시민과 기업들이 아이디어를 제시하는 개방적 스마트시티로써 200개 이상의 애플리케이션이 진행되고 있다. ASC의 다양한 기능을 살펴보자.

① 암스테르담 혁신 경기장Amsterdam Innovation Arena은 경기장 지붕을 덮고 있는 태양광 패널과 재생 배터리로 만든 친환경 에너지 스토리지가 핵심이다. 경기장에서 필요한 전기를 자체적으로 생산하고 남는 전기로 주변의 주택과 전기차 충전까지 가능하다.

② 모비 파크는 소유자가 주차 공간을 유료로 사람들에게 임대할 수 있게 하며, 여기서 생성된 데이터는 암스테르담의 주차 수요 및 교통 흐름을 결정하기 위해 시에서 활용한다.

③ 에너지 소비를 적극적으로 줄이는 인센티브가 제공되는 스마트 에너지 미터기가 주택에 제공된다.

④ 도시에서 실시간으로 교통량을 모니터링하는 스마트 교통량 관리 및 특정 도로의 현재 운행 시간에 대한 정보가 활용된다.

⑤ 가로등을 관리하는 스마트폰 앱을 만들어 자전거를 타는 사람이 지

날 때만 조명이 밝아지는 애플리케이션도 가능하다.

⑥ 시티젠^{City-Zen} 프로젝트는 1만 가구 규모의 스마트 그리드를 형성해 가정 및 전기자동차 등의 에너지 효율을 최적화시키며, 지하 열에너지 저장 기술을 활용한다. 이는 계절 간 온도 차에 따라 생성되는 냉·온수를 지하에 저장하여 적시에 활용하는 기술이다.

⑦ 암스테르담 스히폴 공항에는 비콘이 설치돼 있어 공항 안내 지도를 볼 필요가 없다. 사용자 위치를 기반으로 탑승 게이트 정보, 길 안내, 공항 내 음식점 위치 등을 스마트폰으로 전송해주기 때문이다.

⑧ 암스테르담은 교통량을 자동으로 관리할 수 있는 '가상 교통량 관리자^{Virtual Traffic Manager}' 체계를 구축해 도심 교통체증을 10% 감소시키는 데 성공했다. 이 시스템은 중앙 정부 및 암스테르담시의 통합된 교통 플랫폼을 통해 도로상의 공사 진행 여부 등 교통량을 실시간으로 확인하여 교통 상황을 자동으로 관리한다.

이처럼 암스테르담은 스마트시티의 성공적인 사례를 제시하고 있다. 스마트시티가 IoT를 통해 데이터를 수집하여 도시 운영 및 서비스의 효율성을 최적화하고 교통, 에너지, 건축, 수질, 폐기물, 생활 서비스, 자연재해, 사회 재난, 건강, 생활환경 등을 합리적으로 관리해주기 때문이다.

현재 세계 인구는 50억 명에서 2050년까지 90억 명으로 증가할 예정이다. 또한 도시화율은 68%로 높아지리라 예상한다. 특히 한국은 80% 수준의 도시화가 진행되어 있다. 이에 따라 물 부족, 재난재해 증가, 고령화, 미세 면지, 온실가스, 교통혼잡과 같은 도시의 문제가 증가하는 실정이다.

이런 상황에서 스마트시티는 디지털 혁신의 주요 요소인 로봇, IoT, AI, 빅데이터, 블록체인 등을 적용하여 더욱 합리적이고 혁신적으로 도시의 생태계를 바꾸는 것을 의미한다. 스마트시티는 시민 삶의 질 측면에서 비용과 시간을 절약하고, 안전을 높여주며, 도시의 지속 가능성 측면에서 자원의 활용, 폐기물의 절감, 거버넌스의 효율화를 가능하게 하고, 신산업 플랫폼 측면에서, 자율주행차, 공유경제, 로봇 등을 발전시켜준다.

스마트시티의 비전은 시민의 생활을 바꾸는 혁신 플랫폼으로 공간 및 데이터 기반을 통해 다양한 도시문제를 해결하고, 시민을 배려하는 포용적인 스마트시티를 조성하며, 혁신 생태계 구축을 통해 글로벌 협력을 강화하는 것이다. 스마트시티의 일반적인 추진전략은 다음과 같다.

① 신도시 및 기존 도시의 맞춤형 도시 모델 조성

② 스마트시티 기반구축을 위한 R&D, 인재 육성, 통합 플랫폼 구축

③ 혁신 생태계 조성을 위해 규제 혁신, 거버넌스, 산업기반 조성

④ 글로벌 네트워크 구축을 위해 국제협력과 엑스포 개최

〈도표〉 부산 에코델타 스마트시티 서비스 모델

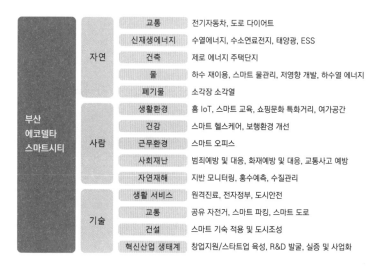

부산 에코델타 스마트시티	자연	교통	전기자동차, 도로 다이어트
		신재생에너지	수열에너지, 수소연료전지, 태양광, ESS
		건축	제로 에너지 주택단지
		물	하수 재이용, 스마트 물관리, 저영향 개발, 하수열 에너지
		폐기물	소각장 소각열
	사람	생활환경	홈 IoT, 스마트 교육, 쇼핑문화 특화거리, 여가공간
		건강	스마트 헬스케어, 보행환경 개선
		근무환경	스마트 오피스
		사회재난	범죄예방 및 대응, 화재예방 및 대응, 교통사고 예방
		자연재해	지반 모니터링, 홍수예측, 수질관리
	기술	생활 서비스	원격진료, 전자정부, 도시안전
		교통	공유 자전거, 스마트 파킹, 스마트 도로
		건설	스마트 기술 적용 및 도시조성
		혁신산업 생태계	창업지원/스타트업 육성, R&D 발굴, 실증 및 사업화

자료: 부산시

우리나라의 대표적인 스마트시티인 세종시의 경우 맞춤형 도시 모델 조성을 위한 7대 혁신 요소를 살펴보자.

① 모빌리티: 카쉐어링·카헤일링 등의 공유 모빌리티 및 자율주행차

② 헬스케어: 원격진료, AI 기반 스마트 문진, 스마트 응급호출, 드론 활용 긴급 구조

③ 교육: 에듀테크, 온라인 교육, 3D 프린터, 개인 맞춤학습

④ 에너지: CEMS customer energy management system, 이웃 간 전력 거래,

제로 에너지 건축물 건축

⑤ 거버넌스: 디지털 트윈, 블록체인 기반 모바일 선거, 시민 참여 기반 리빙랩 운영

⑥ 문화: 수요자 맞춤형 문화·예술·쇼핑 추천, 지역화폐 결제, 자율주행 쇼핑카트, 무인 배송

⑦ 일자리: 창업 인큐베이터센터 구축, 해외 도시와 교차 실증 추진

전 세계에 확산되는 스마트시티

디지털 사회 전환이 글로벌 이슈로 등장한 요즘 스마트시티는 전 세계적으로 급속하게 확산이 되고 있다. 스마트시티는 사회 및 지역의 특성을 고려하여 도시에 특화된 성격을 갖게 된다. 글로벌 수준의 스마트시티 주제는 시민 중심의 도시 활성화네델란드 암스테르담, 낙후된 도시의 재생핀란드 칼라사타마, 고령화 사회 대응타이완 신베이, 살기 좋은 도시 환경 녹색성장덴마크 코펜하겐, 캠퍼스타운의 도시 재생일본 카시와노하, 친환경 선진국캐나다 밴쿠버, 도시 내의 치안 문제해결 및 도시의 부흥 도모스코틀랜드 글래스고, 도시 재개발의 과도기콜롬비아 메데인, 치안·교통 등 다양한 도시문제 해결책 필요브라질 리우데자네이루, 항구도시의 교통개선독일 함부르크 등이다. 이들은 스마트시

티의 주제에 적합한 다양한 서비스 모델을 개발하여 시민의 편리함을 도모하고 있다.

〈도표〉 스마트시티의 서비스 모델

도시	서비스명	주요 내용
네델란드/ 암스테르담	GeoLight	시민들이 직접 가로등을 관리하는 스마트폰 앱, 아틀라스 파크(Altas Park)의 사이클 경로에 있으며 사람이 통과하면 조명이 다시 어두워지는 서비스
핀란드/ 칼라사타마	Tuup	시민들의 이동 패턴을 반영한 공유 자동차, 공유 자전거 등 스마트 모빌리티 활성화 솔루션
독일/ 함부르크	스마트 항만	레이더와 센서를 활용하여 물류 선박의 입·출선 관제 및 공사 현장, 선박의 위치, 수위 등의 정보를 통한 항만 모니터링
영국/ 글래스고	Dashboards	글래스고와 관련된 다양한 정보 (날씨, 교통, 건강, 커뮤니티 등) 이용 가능한 오픈 데이터 서비스인 'Dashboards'를 운영
캐나다/ 벤쿠버	Greenest City	탄소 배출(Zero Carbon), 쓰레기 감소(Zero Waste), 헬스 에코시스템(Healthy Ecosystems)으로 구성하여 운영
콜롬비아/ 메데인	MiMedellin	도시에 대한 이슈를 시민 집단지성을 통해 공동으로 협력하여 해결하기 위한 시민 공동제작 플랫폼 'MiMedellin'을 운영
브라질/ 리우데자네이루	스마트시티 운영센터	도시에 대한 정보(날씨, 공공장소, 교통 등)를 통합적으로 관리하고, 분석하여 도시에 대한 문제를 사전에 예측
대만/ 신베이	Tempo, Tempo	배경음악에 따라 동작을 진행하는 파킨슨병 환자의 재활 프로그램

자료: 시민과 함께하는 스마트시티, 한국정보화진흥원

국내 스마트시티 추진 현황

국내에서는 2008년부터 U-City 지원 사업을 추진하였고, 2015년에 글로벌 스마트시티 실증 단지 사업의 일환으로 '해운대구 일대 스마트시티 비즈니스 모델 실증 및 글로벌 진출 지원'에 착수하였다. 2016년 9대 국가전략 프로젝트의 하나로 선정되어 세계선도형 스마트시티 구축사업을 추진하였으며, 2018년 1월, 범국가 차원의 '스마트시티 추진전략'을 발표했다. 국토부 주관의 스마트시티 계획 수립은 25개 지자체가 참여하였고, 스마트시티 건설사업은 38개 지자체^{52개 지구}가 수행 중이다. 또한, 10개 지자체가 스마트시티 통합 플랫폼 기반구축 사업을 추진 중이다. 정부는 스마트시티 도전과제 및 실천과제로 아래와 같이 추진을 제안하고 있다.

① 시민 주도의 스마트시티 조성^{개방형 스마트시티 플랫폼이 가능한 도시 데이터 거버넌스 구축, 시민 참여형 리빙랩 운영 및 스마트 시티즌 확산}

② 모두를 위한 스마트시티의 확산 필요^{사회적 약자가 없는 스마트 화이트 시티, 스마트시티 비서 로봇을 통한 스마트 컨시어즈 서비스}

③ 국가 균형발전을 위한 도농격차 해소 추진^{모두가 잘사는 스마트 빌리지}

④ 지속 가능한 도시 경쟁력 확보^{인간 중심의 스마트시티 공유경제 플랫폼, 에너지 자립 기반 스마트 에코시티}

⑤ 도시 수요기반의 맞춤형 스마트시티기존 자원을 활용한 스마트 세이프티, 인

간의 이동성을 돕는 스마트 모빌리티, 미래를 생각하는 환경, 스마트 그린시티

한편 국내의 스마트시티 기술은 해외에도 수출이 되고 있다. LH공사는 2019년 2월 쿠웨이트 압둘라 신도시 예비사업 약정을 체결하였다. 압둘라 신도시는 쿠웨이트 시티 외곽에 1,950만 평약 4만 호 규모의 신도시를 조성하는 사업이다. 이는 교통, 환경, 에너지, 생활 및 복지, 경제, 안전을 위한 20개의 사업모델을 포함하고 있다.

더불어 한국지역난방공사는 삼성엔지니어링과 '쿠웨이트 압둘라 신도시 지역냉방사업'에 진출하며, 중소기업 지에스아이엘GSIL은 압둘라 신도시 설계 반영을 위해 '스마트 퇴적물 모니터링 시스템' 특허를 출원했다. 이는 도로변에 빗물 배수를 위한 빗물바디에 쌓인 퇴적물의 높이를 실시간으로 감지하여 갑작스러운 홍수로 인한 도로 침수를 사전에 대비하는 것이다. 이처럼 압둘라 신도시는 첨단 정보통신기술ICT이 접목된 스마트시티의 세계적인 선진사례가 될 전망이다.

스마트시티는 어디까지 발전할 것인가

스마트시티는 시간이 지남에 따라 진화를 하고 있다. 코엔Cohen은 스마트시티의 진화 방향을 크게 3단계로 구분하였다. 스마트시티 1.0은 기술 주도technology driven이며 공급자 접근 방식이다. 스마트시티 2.0은 도시 주도의 기술적용 방식technology enabled, city-led이다. 스마트시티 3.0은 시민 공동 창조 방식citizen co-creation으로 이루어진다. 컨설팅 기관인 딜로이트 Deloitte는 비전 측면에서 '집단지성 기반의 플랫폼화된 도시', 초점 측면에서 '시민의 경험과 도시 의사결정 향상', 솔루션 측면에서 '데이터 기반의 더 나은 도시 의사결정 시스템', 기술 측면에서 '데이터, 디지털, 인간 중심 디자인'으로 진화된다고 한다. 또한, 스마트시티를 통한 더 나은 삶의 질 지향, 산업 및 인재 유치를 위한 경제적 경쟁력 확보, 환경보호에 중점을 둔 지속 가능성 확보를 위해 참여, 협력, 투명성, 통합을 지향하는 스마트시티 프레임워크를 제안하였다.

근래에 들어서는 스마트시티에 디지털 트윈 개념을 접목하는 추세다. 디지털 트윈은 현실과 동일한 가상의 공간에서 시뮬레이션을 통해 도시를 운영하고 데이터 기반의 의사결정이 가능하다. 디지털 트윈은 다음을 가능하게 한다.

〈도표〉 딜로이트 스마트시티 프레임워크

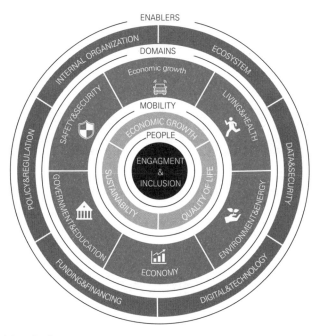

자료: Deloitte Analysis

① 교통량 · 주차 공간을 예측

② 자율주행 시뮬레이션을 통해 운전자 위험 요소를 분석

③ 공기흐름 예측을 통해 미세먼지로부터 시민의 건강을 지킴

④ 사이버 공간에서 온라인 교육

⑤ 태양광 에너지를 어떤 위치에 설치하는 것이 효율적인지 분석

⑥ 수집된 데이터 기반으로 시민 참여를 통한 의사결정

⑦ 가상 VR 쇼핑, 위치기반 일자리 정보제공

그렇다면 디지털 트윈으로 실제와 동일한 사이버 공간의 모형이 구축
되면 어떤 이로움이 있을까? 이는 다음과 같다.

① 위치정보를 통해 스마트폰 또는 구글 글래스의 증강현실 서비스가 가능
② 강의 수질 정보, 녹조 정보를 AR로 볼 수 있음
③ 에너지 흐름과 낭비되는 에너지를 AR로 관리
④ AR 내비게이션
⑤ 드론과 영상인식을 활용한 위험정보인지
⑥ 쇼핑 시 할인정보나 상품의 정보를 실시간으로 확인
⑦도시공간을 활용한 AR 게임

2021년 최대의 화두는 역시 코로나19다. 따라서 향후 스마트시티 구축
에는 코로나19와 같은 감염 질병에 대한 대책이 반영되어야 한다. 가장 기
초적인 사항은 통신사 · 카드사 빅데이터를 기반으로 감염 환자의 이동 동
선을 추적하고 시민에게 효과적으로 대응정보를 전파하는 것이다.

또한 지방정부의 관리 시스템을 현대화하여 사회적 · 경제적 대응을
완벽하게 수행하여야 하며, 대도시를 도시 클러스터와 중심도시 분산으로

인구 밀집을 해소하여야 한다. 그리고 디지털 헬스케어에 대한 시스템을 갖추고, 원격진료의 기능을 포함하여야 한다. 사회적 거리두기는 물론이며, 언택트가 가능한 화상회의, 원격강의 등의 인프라가 강화되기 위해서는 스마트시티에 대한 사회적 관심이 필요하다.

◇◇◇◇◇◇◇◇

TREND 11
CCTV는 공공장소를
관찰하고 IoT는 개인을 추적한다

스스로 움직이는 가구

디즈니월드는 RFID 태그가 있는 웨어러블 손목 밴드 '매직 밴드magic band'를 만들었다. 디즈니 월드 방문객은 공원 안에서 놀이기구를 탈 때 매직밴드로 체크인하고, 음식도 이를 통해 구입할 수 있으며, 기다리지 않고 놀이기구를 타려면 밴드의 수신기를 두드려 빠르게 타기를 선택할 수 있다. 디즈니는 이 데이터를 사용하여 공원 내 방문자의 움직임을 추적하고 어떤 지역, 놀이기구 및 관광 명소가 가장 인기 있고 공원 내 어느 곳에 더 많은 주의가 필요한지 결정한다.

또한 미키마우스 인형의 눈과 코, 팔, 배 곳곳에 적외선 센서와 스피커를 탑재해 놀이공원 정보를 수집한다. 이 인형은 실시간으로 디즈니랜드 데이터를 수집하고 분석해서 관람객에게 정보를 제공한다. 어떤 놀이기구의 대기 줄이 가장 짧은지, 지금 방문객 위치가 어디인지, 오늘 날씨는 어떤지 등과 같은 정보를 그때그때 상황에 맞춰 알려주는 식이다.

미국 노스캐롤라이나주에서는 '하이 포인트 마켓High Point Market' 가구 박람회가 열렸다. LG전자는 이탈리아 명품 소파 가구 기업인 나뚜찌Natuzzi와 협업해 스마트 홈 솔루션을 소개했다. 이곳에서는 스마트 홈 솔루션이 제공하는 놀라운 기능을 직접 시연해 보여줬는데, TV 모드, 독서 모드 등이 있다. 사용자가 소파에 앉아서 구글 어시스턴트가 탑재된 AI 스피커에 이렇게 말한다.

"OK google, talk to Natuzzi(OK 구글, 나뚜찌에게 말해)."
"Set to TV mode(TV 모드 세팅해 줘)."
"I would like to watch TV(TV 보고 싶어)."

사용자가 명령하니 소파가 사용자의 사전 설정에 따라 가장 편안한 자세로 변경되는 모습을 볼 수 있다. 이어 TV가 켜지면서 공기청정기는 꺼지고, 스마트 조명은 어두워졌다. 심지어 스마트 커튼까지 자동으로 닫히며 TV를 시청할 수 있는 최적의 환경이 만들어졌다. 디지니월드와 LG전자의 사례는 최근에 등장한 IoT^{사물인터넷}를 활용한 것이다.

인간과 사물, 사물과 사물을 연결해주는 인터넷

IoT는 사물에 센서를 부착해 실시간으로 데이터를 인터넷으로 주고받는 기술이나 환경을 일컫는다. IoT가 등장하기 전에는 환경 모니터링, 교통 감시 등을 위해서 정보를 수집하는 방법이 매우 번거로웠다. 일일이 센서를 설치하고, 네트워크를 연결하는 번거로운 절차를 걸쳐야 했고, 인프라를 갖추는 투자비도 만만치 않았다.

하지만 IoT가 등장한 이후에는 유형 사물과 주위 환경으로부터 정보를 바탕으로 사물 간 대화가 손쉽게 이뤄진다. IoT의 핵심 기술은 센서다. 센서는 빛, 소리, 화학물질, 온도, 습도, 열, 가스, 조도, 초음파 센서를 통한 원격감지, 영상 전자파 인체 흡수율^{SAR, Specific Absorption Rate}, 레이더, 위치, 모션 등 내부 및 외부에서 발생한 신호들을 수집하여 과학적인 방법으로 분석하여 각종 상태를 파악하는 것이 가능하다. IoT는 초연결사회의 기반 기술 및 서비스이자 차세대 인터넷으로 사물 간 인터넷 혹은 개체 간 인터넷^{Internet of Objects}으로 정의되며, 고유 식별이 가능한 사물이 만들어 낸 정보를 인터넷을 통해 공유하는 환경을 의미한다.[8]

〈도표〉 IoT의 기술적 계층에 대한 이해

디바이스	연결성	플랫폼
사물을 구성하는 하드웨어 및 소프트웨어	사람, 디바이스, 프로세스 등을 연결하고 데이터를 교환 및 전달할 수 있는 모든 유·무선 통신 및 네트워크 기술	디바이스를 연결·제어·관리하는 어플리케이션과 데이터를 수집·축적·분석·활용하는 기술
센서, 프로세서, 메모리, 운영체계, 사용자 인터페이스 등	WiFi, LTE, 5G 블루투스, 위성통신 등	빅데이터, 인공지능, 보안, 인증, 미들웨어, 시스템 통합 등

자료: IoT 기술의 활용을 통한 기업의 경쟁우위 확보 전략 및 시사점

IoT의 활용 범위는 다양하다. 가전제품TV, 에어컨, 냉장고 등을 비롯해 에너지 소비 장치수도, 전기, 냉난방 등, 보안기기도어록, 감시카메라 등 등 다양한 분야에서 모든 것을 통신망으로 연결해 모니터링 및 제어할 수 있다. 스마트폰이나 인공지능 스피커가 사용자의 음성을 인식해 집 안의 모든 사물인터넷IoT 기기를 연결하고 사용자의 특성에 따라 자동으로 작동하거나 원격으로 조종할 수 있다. 스마트홈은 원격제어에서 발전해 AI가 상황과 사용자의 취향을 학습하고, 이에 맞는 결과를 스스로 제공하는 방향으로 발전한다.9

IoT의 기술을 적용한 제품의 기능은 모니터링, 컨트롤, 최적화, 자율성으로 구분된다. 모니터링 기능은 센서 및 외부 데이터를 통해 제품상태, 외부환경, 제품 운영의 상태 감시가 가능하고 변화에 대한 알림 및 경고를 한

다. 컨트롤 기능은 제품에 내장된 소프트웨어를 통해 제품 기능의 제어 및 이용자 경험의 개인화가 가능하다. 최적화 기능은 제품의 성능 향상, 예방적인 진단·서비스·수리 등을 위해 제품의 운영과 사용을 최적화하는 알고리즘을 적용한다. 자율성 기능은 모니터링 및 자율적인 제품 운영, 자동화된 제품 개선 및 개인화, 자체 진단 및 서비스 등이 가능하다.[10]

IoT라는 용어는 1999년에 MIT의 '오토 아이디 센터Auto ID Center'의 케빈 애시턴Kevin Ashton이 'RFID와 센서 등을 활용하여 사물에 탑재된 인터넷이 발달할 것'이라 예측한 데서 비롯되었다. 유비쿼터스와 비슷하지만 기존의 자체적인 통신시스템을 인터넷이란 체제에 흡수함으로 더 확장된 개념이 되었다. 이름에서 알 수 있듯이 IoT는 사람과 사람 간의 통신을 넘어 사물에 IP 주소를 부여하고 사람과 사물, 혹은 사물과 사물 간의 통신을 하는 기술을 일컫는다. 흔히 원격에서 조작하는 기기를 사물인터넷으로 생각하곤 하는데 사물인터넷은 그 기기에 설정된 인터넷 시스템까지 포함한다. IoT에 관한 본격적 논의는 2005년 국제전기통신연합ITU, International Telecommunication Union이 IoT에 대한 보고서를 발간하면서 주목을 받기 시작했으며, 2008년에서 2009년 사이에 시스코, 가트너 등의 조사 기관에서 IoT가 유망 키워드로 제시되면서 산업적 관심을 받게 되었다.

포드와 GE는 왜 IoT에 손을 뻗었는가

포드는 신형차 '이보스Evos'에 사물인터넷을 적용했다. 이보스는 거의 모든 부품이 인터넷으로 연결돼 있다. 만약 자동차 사고로 에어백이 터지면 센서가 중앙관제센터로 신호를 보낸다. 센터에 연결된 클라우드 시스템에서는 그동안 발생했던 수천만 건의 에어백 사고 유형을 분석해 해결책을 전송한다. 범퍼는 어느 정도 파손되었는지, 과거 비슷한 사고가 있었는지, 해당 지역 도로와 날씨는 어떤지, 사고가 날 만한 특이사항은 없었는지 등의 데이터를 분석한다. 사고라고 판단되면 근처 고객센터와 병원에 즉시 사고 수습 차량과 구급차를 보내라는 명령을 전송하고, 보험사에도 자동으로 통보한다.

스타벅스의 'IoT 기반 커넥티드 매장 강화'는 IoT 플랫폼에 커피 머신, 냉장고, 온도조절기, 도어락 등을 연결해서 정보 수집 및 기계의 성능 관리를 도와주고, 고객의 스마트폰으로 접수되는 사이렌 오더와 맞물려 매장관리 및 구매물류 시스템과 연동되며, AI 엔진을 통해 매장의 모든 상황을 모니터링 및 통제한다.

GE는 IoT를 산업분야에 적용하였는데 이를 '산업 사물인터넷IIoT, Industrial Internet of Things'이라고 한다. 프레딕스는 IIoT로써 산업용 장비가 장착된 공장 설비에 센서를 달아 기계 결함 등을 공장 운영자에게 실시간

〈도표〉 스타벅스의 IoT 기반 커넥티드 매장 강화 모델

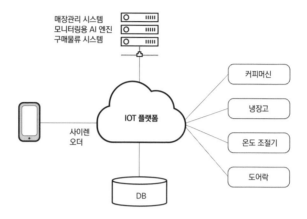

자료: 《디지털 트랜스포메이션》, 권병일

알려주는 '생각하는 공장^{Brilliant Factory}'의 개념이다. GE는 프레딕스를 기업에 제공하고 이를 통해 산업 설비의 판매, 유지보수, 예측진단 서비스를 제공한다. 이를 위해 프레딕스는 GE가 제조 및 생산하여 판매하는 모든 산업 설비와 장비에 IoT 센서를 장착하고, 현장에서 나오는 데이터에 대해 통합·수집·분석을 하여 산업 설비 오작동 여부의 실시간 감시·사전 예측진단 등이 가능한 플랫폼 비즈니스 모델로 발전이 되었다.

IoT를 스마트 주차에 활용할 경우 도시 전역에 주차 센서 3,000개를 설치하며, 방문객, 주민은 주차 앱을 통해 편리하고 빠르게 무료 주차 공간을 확보할 수 있다. 에딘버러시 IoT 기반 스마트 가로등은 에너지 절약을 위한 스마트 가로등 컨트롤을 적용2020년 말 완료 예정. 6만 4,000개 가로등하여, 도시 조명을 원격으로 조절하고 불편사항 접수 및 실시간 모니터링을 한다. 케에쓰네스 병원의 IoT 기반 스마트 병상의 경우 병상에 설치된 센서를 통해 위치, 유지관리 기록 등의 정보를 전달한다. 이는 병상과 관련한 유지관리 시간을 줄이는 것이 목표라고 한다.

국내 IoT를 이끄는 것은 정부기관

IoT는 국내에서도 활발하게 적용이 되고 있다. 특히 정부기관에서 IoT를 활발하게 도입하고 있다. 환경 모니터링, 재해 예방 모니터링, 교통감시, 도시 데이터 관리, 소화전 관리, 안전관리 등 다양한 방면에 적용되는 것이다.

'대중교통 기반 IoT 통합 플랫폼'은 위성신호를 받아 버스의 정밀위치를 측정하고 버스에 설치된 센서 정보를 취합하여 전송하는 기능, 차량의 차선이탈, 급차선 변경, 앞차 추돌, 보행자를 감지하는 센서 기능, 레이더로 앞차와의 거리를 계산하여 추돌사고를 방지하는 자동 긴급 제동장치 기능, 운전자의 눈동공을 감지하여 졸음 및 전방 부주의에 대한 경보를 주는 센서로 구성된다.

'IoT 기반 하수관거 모니터링 시스템'을 살펴보자. 하수도는 도시에서

발생하는 하수를 하수처리장까지 안전하게 이송하는 하수처리 기능과 강
우 시에는 빗물을 하천으로 신속히 배출하는 침수방재 기능을 동시에 수
행하는 시설이다. 따라서, 지하에서 무선통신이 가능한 인프라를 구축하고
IoT 기반의 하수도^{오수관로, 우수관로} 모니터링 시스템을 구축함으로써, 시계
열 또는 기상 조건^{강우 등}에 따른 하수 발생량 및 우수 유출량 모니터링 정
보를 체계적으로 빅데이터화 하는 것을 목적으로 한다.

　'IoT 기반 지능형 소화전 관리시스템'은 소화전에 IoT 기반 기술을 적
용하여 소화전의 상태정보를 센싱하여 센터로 전송하고 소화전을 상시 사
용 가능한 상태로 유지하며, 소화전 주변의 불법 주정차가 만연하여 화재
시 소화전 사용에 장애가 우려되는 지역에 불법 주정차 경고시스템을 설치
한다.

　'IoT 기반 통합형 안전관리 시스템'은 현장 곳곳에 설치한 카메라,
CCTV, 센서 등으로 수집한 정보를 사무실 상황판 및 스마트폰으로 확인하
고, 밀폐공간에 설치된 센서는 가스 농도를 전송하고 위험 상황을 감시하
며, 유해가스가 허용 농도를 초과하면 현장 환기 시스템이 자동으로 작동
되고, 근로자에겐 대피 안내 메시지를 보낸다.

　경기 고양시의 '스마트 사물인터넷^{IoT} 보행로'는 어린이보호구역^{스쿨존}
을 지날 때 스마트폰으로 차량 접근 정보를 알려줘 교통사고를 예방하도록
설계되어 있다. 스마트 기술을 적용해 보행로를 지날 때 차량이 오면 본인

의 스마트폰으로 '차 조심'이라는 안내문구가 뜨거나 알람, 진동으로 관련 정보를 알려줘 사고 예방에 도움을 준다. 이곳을 지나는 차량 운전자에게도 신호등에 부착한 '보행자 알리미'를 통해 보행 정보를 실시간으로 제공한다.

IoT가 산업 전체를 변화시킨다

IoT의 미래는 어떠할 것인가? 이는 세 가지 측면에서 논할 수 있다. 첫째, 현재는 개인 소비자 제품 및 서비스 중심으로 시장이 활성화되었지만 향후 IoT 시장은 운영 효율화 등 기업의 수요가 커질 것으로 기대가 된다. 둘째, 제품의 서비스화 및 공유경제형 비즈니스 등 신개념 서비스 모델의 활성화가 기대된다. 셋째, IoT는 산업의 영역을 변화시키는 데 중요한 역할을 한다. IoT는 단순한 제품을 거대한 시스템의 생태계로 발전을 시킨다. 그러한 사례를 살펴보자.

① 제품 단계에서는 트랙터가 존재한다.
② 스마트 제품 단계에서는 트랙터와 태블릿이 결합된다.
③ 스마트 커넥티드 제품 단계에서는 트랙터와 태블릿 그리고 모바일

〈도표〉IoT 기술에 의한 산업 경계의 재정의

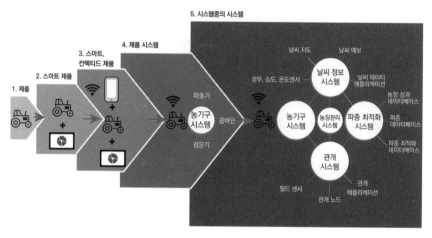

자료: Porter & Heppelmann, 2014.

네트워크가 결합된다.

④ 제품 시스템 단계에서는 트랙터에 파종기, 경운기, 콤바인이 결합되어 농기구 시스템을 구성한다.

⑤ 최종 단계에서는 농기구 시스템이 날씨 정보 시스템, 관계 시스템, 파종 최적화 시스템과 통합되어 농장관리 시스템으로 생태계를 이룬다.

이처럼 IoT는 농업뿐만 아니라 유통, 물류, 환경, 교통 등 가능한 모든 분야를 허브앤 스포크Hub&Spoke 시스템으로 묶어주고 커뮤니케이션할 수 있는 사회통합 역할을 수행한다. 이는 마치 SF 영화에서 나오는 빅브라더를 향하고 있는지도 모른다.

TREND 12
'공무원식 보수주의' 벗고
달라지는 스마트 정부

디지털 정부, 디지털 사회를 열다

#1. 2020년의 풍경

출산을 준비하면서 실비아와 데이브는 대부분 인터넷에서 정부 서비스에 대한 정보를 찾는다. 그러나 이들 출처 중 상당수는 서로 다른 방식으로 작성되어 모순되고 있다. 그들은 정부 보육 보조금에 대한 정보를 찾기 위해 구글을 이용하지만 다른 관련 정보를 놓칠 수도 있다. 그들은 자신들이 어떤 서비스를 이용할 수 있는지 그리고 더 많은 정보를 얻기 위해 어디로 가야 하는지 확신하지 못한다.

그들의 아기가 태어나면 병원은 그들에게 메디케어 등록과 내 건강 기록과 같은 정부 서비스에 대한 정보를 준다. 다음 몇 주 동안 실비아와 데이브는 구글을 통해 필요한 정보를 찾고 친구들과 가족들로부터 정보를 얻는다. 그들이 올바른 정보를 찾는 것은 어렵다. 그들은 다가올 이벤트나 잠재적인 자격에 대해 알지 못할 때 좌절감을 느낀다. 이것은 그들이 준비되지 않은 것을 느끼게 하고 때때로 피할 수 없는 부정적인 상황에 놓이게 한다.

#2. 2025년의 풍경

실비아와 데이브는 온라인 디지털 서비스를 통해 정부 플랫폼에 접근하는 것이 익숙하다. 그들은 정부와의 접촉을 위해 2025년형 'myGov'를 사용해왔다. 그것은 그들에게 육아, 면역 그리고 출산 휴가 권리에 접근하는 방법을 포함한 모든 관련 정보를 제공하기 위한 것이다. myGov는 그들에게 올바른 정보를 제공할 뿐만 아니라 그들이 어떤 서비스에 적합하고 어떤 요구 사항이 적용되는지 결정하는 데 도움을 준다.

실비아와 데이브는 그들이 해야 할 일, 어떤 서비스가 그들을 지원하는지 잘 알고 있으며 자신 있게 계획을 세울 수 있다. 질문이 있을 때, 그들은 단순히 myGov 챗봇에게 물어보고 그들이 필요로 하는 답을 얻는다.

아기가 태어나면 myGov에 등록된다. 병원의 출생 데이터 증명은 디지털 아이덴티티, 메디케어와 센트럴링크 기록 및 내 건강 기록을 자동 생성시킨다. 그들은 육아에 집중할 더 많은 시간을 갖게 된다. 새로운 메디케어

〈그림〉 myGov 초기화면

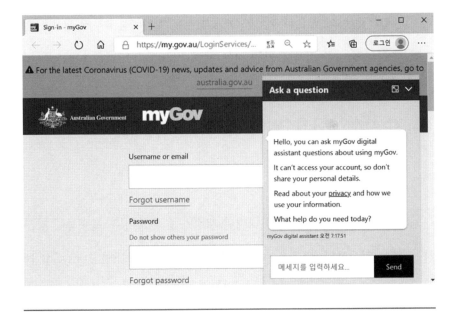

카드와 새로운 아기의 메디케어 및 내 건강 기록 세부 정보가 myGov 계정에 연결되어 있다는 알림을 통보받는다.

실비아는 myGov에 로그인하면 몇 가지 세부사항을 확인하여 자동으로 몇 가지 비용을 지급한다. 그녀는 병원에서 행해진 육아비용과 예방접종에 대한 디지털 기록을 가지고 있다. 아기의 다음 예방접종을 상기시켜주고 예약을 할 수 있는 링크가 있다. 로그아웃하기 전에 그녀는 다음과 같은 다른 관련 정부 정보를 발견한다. 그것은 아기 음식 주기, 보육 서비스, 그리고 그녀가 사는 곳의 어린이 보호장치 요건에 대한 정보 등이다. 그녀는 이것들을 나중에 방문하도록 플래그를 달았다.

위의 글은 호주 디지털부DTA, Digital Transformation Agency의 '비전 2025'
에 담긴 미래 디지털 사회의 모습이다. 미래 디지털 사회는 국민이 찾아보
는 서비스pull service가 아니라, 정부가 국민에게 찾아가는 서비스push service
로 바뀌는 것이다.

과거 인터넷 시대에는 전 세계적으로 나라마다 전자정부를 표방하였
다. 그러나 2020년을 전후해서 디지털 기술의 추세에 발맞추어 각국은 디
지털 정부digital government를 추진하고 있다.

디지털 정부를 모범적으로 추진하고 있는 도시국가 싱가포르는 '디지
털화는 정부의 공공서비스 혁신 노력의 핵심축이다. 디지털 정부 청사진
digital government blueprint은 데이터를 더 잘 활용하고 새로운 기술을 활용
하며 스마트 네이션smart nation을 지원하기 위해, 디지털 경제와 디지털 사
회를 구축하기 위한 정부의 야망을 표현한 것이다'를 표방한다. 싱가포르
의 비전은 '디지털에서 핵심으로, 그리고 마음으로 섬기는' 정부를 만드는
것이다.

디지털 정부는 시민과 기업의 요구에 부응하는 이해관계자 중심의 서
비스를 구축할 수 있으며, 디지털 정부와 소통은 쉽고, 원활하며, 안전해
야 한다. 공무원들은 끊임없이 자기 자신을 향상시키고, 새로운 도전에 적

〈도표〉 싱가포르 디지털 정부 청사진

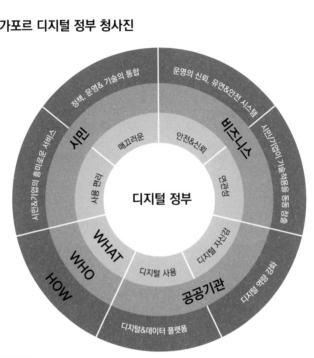

자료: GOVTECH Singapore

응하고, 기관 간, 그리고 시민 및 기업과 함께 더 효과적으로 일할 수 있다. 싱가포르 디지털 정부는 다음과 같은 청사진을 갖고 있다.

① 공공기관 측면에서 공통 디지털 · 데이터 플랫폼 구축과 혁신 추구를 위한 디지털 역량을 강화

② 시민 측면에서는 시민과 기업 요구에 통합된 서비스를 제공하고 정책 · 운영 · 기술 간의 통합을 강화

③ 기업 측면에서는 신뢰성·유연성·안전성을 갖춘 운영 체계와 시민·기업과 협력하여 기술 적용을 촉진

디지털화는 정부의 공공서비스 혁신 노력의 핵심 골격이다. 이러한 디지털 정부 청사진은 데이터를 더 잘 활용하고 새로운 기술을 활용하며 스마트 네이션smart nation을 지원하기 위해 디지털 경제와 디지털 사회를 구축하기 위한 광범위한 노력을 추진하고자 하는 정부의 비전을 담고 있다.

호주에서도 시작된 디지털 정부

호주는 디지털 정부 추진을 위해 디지털 부처Digital Transformation Agency를 설치하고, 장관을 임명하였다. 그들의 비전은 '우리는 모든 호주인들의 이익을 위해 세계 최고의 디지털 서비스를 제공할 것이다We will deliver world-leading digital services for the benefit of all Australians'이다. 또한, 그들은 '우리는 디지털 혁명에 의해 움직이는 시대에 살고 있고, 디지털 혁명에 의해 번영한다'를 천명한다.

이러한 호주 정부는 디지털화를 위한 세 가지 전략을 채택하였다. 첫째, '접근하기 쉬운 정부' 측면에서 직관적이고 편리한 서비스, 요구 사항

및 라이프 이벤트를 지원하는 통합 서비스, 쉽고 안전한 접근을 위한 디지털 ID를 추진한다. 둘째, '당신이 알고 있는 정부' 측면에서 공유하고자 하는 데이터에 적응하는 스마트 서비스, 더 나은 서비스를 위한 통찰력 향상, 신뢰와 투명성을 강조한다. 셋째, '디지털 시대에 적합한 정부' 측면에서 디지털 기능 확대, 현대적 인프라 개발, 책임 제공이다. 그리고 디지털 정부는 시민과 기업이라는 양대 축을 통해 다양한 서비스 모델을 제공한다.

1) 시민 서비스
- 'myGov'은 이메일을 통해 시민들에게 보다 빠르고 효율적으로 통지한다.
- 'myTax'를 통해 세금 신고서를 간단하고 빠르게 작성 및 제출한다.
- '새로운 육아 패키지'는 시민들이 정부의 양육비 지원을 온라인으로 신청한다. 보조금 지급은 가족이 용돈으로 지출하는 것을 방지하기 위해서 보육 사업자에게 직접 지급된다.
- '복지 급여형 인프라 전환 프로그램'은 학생들이 청소년 수당 청구서를 제출하는 데 걸리는 시간을 36분에서 12분으로, 클레임 처리 시간을 26일에서 21일로 줄였다.
- '마이 스킬스'는 직업 훈련 목록이다. 웹사이트는 학생과 고용주가 자신의 필요에 가장 적합한 교육에 대해 정보에 입각한 결정을 내

리도록 돕는다.

- '복지 지원을 위한 가상 도우미'는 구직자, 육아, 노령 연금 및 보호자 급여를 신청하거나 이미 받는 사람들의 복지급여 관련 질문에 대답해줌으로써 매년 700만 명 이상이 센터링크에 전화할 필요성을 줄여준다.

- '디지털 아이덴티티'는 사람들이 디지털 아이덴티티인 myGovID를 만들 수 있다. 이를 통해 세금 파일 번호 및 고유 학생 번호를 포함한 정부 서비스에 온라인으로 접속할 수 있다.

- '어린이 돌봄 마켓플레이스'는 서비스 제공자와 사람들을 안전하게 연결하는 새로운 방법이다. 이는 어린이 돌봄 지원으로 출발해서 다양한 서비스로 확장된다.

- '싱글 터치 페이롤'을 통해 사람들은 그들의 연금이 지불되고 있다는 더 큰 확신을 가지게 된다.^{7만 3천여 명 참여}

- '메디케어 신생아 등록'을 통해 신생아들이 자동으로 메디케어에 등록되고, 신생아 부모들을 위한 수작업 서류 작성을 줄여주며, 그들에게 더 빠른 서비스를 제공한다.

- 'Tell us Once'는 사람들이 그들의 상황 변화를 정부에 한 번 통보하고, 그 정보를 정부 전체에 공유할 수 있게 해주는 시도이다.

- '복지 지급금'은 노인, 가족, 장애인과 보호자가 청구서를 제출하고,

디지털 방식으로 업무를 관리할 수 있어 청구와 지불이 신속해진다.

2) 기업 서비스

· '원스톱 비즈니스 창업정보'는 business.gov.au를 통해 스타트업에 대한 모든 관련 연방 정보에 접근할 수 있다.

· '편리한 소규모 기업의 핵심 임무 관리'를 통해 고용주들은 그들의 주요 업무를 수행하기 위해 호주 세무서ATO의 온라인 서비스를 이용할 수 있다.

· '디지털 마켓플레이스'란 중소기업이 정부에 공급하기 위한 조달 마켓플레이스에 혁신적인 디지털 서비스를 통해 간편, 명확, 신속하게 접근할 수 있다.

· '온라인 디지털 사용권 검증 서비스'는 수입업자들이 더 이상 항구에서 물리적으로 허가증을 제시하지 않아도 되어 시간을 절약할 수 있다.

· '커뮤니티 그랜트 허브'는 보조금 신청 및 관리를 간소화하기 위해 정부 전체에서 조직에게 공유 서비스를 제공한다.

· 'ATO 온라인'을 통해 세금 어드바이저는 새로운 현대적 온라인 경험을 기반으로 세무 업무를 쉽게 관리할 수 있다.

· '온라인 사업자 등록 서비스'를 통해 사람들은 간단하고 빠르게 신규 사업 등록을 할 수 있다.

- '가상 보조 파일럿'은 business.gov.au의 특정 보조금 프로그램에 대한 가상 보조원의 시범사업이다. 이것은 챗봇, 전화, 이메일과 함께 사람들에게 24x7의 추가 지원을 제공할 것이다.
- '개인화되고 사전 예방적인 비즈니스 정보'는 business.gov.au를 통해 창업자, 기존 비즈니스 소유자 및 인력 210만 명에게 개인화된 정보를 전달한다.
- '사업자등록 지원'은 사업을 시작하는 사람들이 온라인에 사업을 등록하는 데 더 많은 도움을 받을 것이다.
- 'business.gov.au' 업그레이드는 기업이 이벤트, 어드바이저, 계약서, 보조금에 대한 위치정보를 한곳에서 볼 수 있게 될 것이다.

가트너가 제시한 다섯 가지 단계

글로벌 IT 리서치 기관인 가트너그룹은 하이프사이클Hypecycle을 통해 매년 IT의 다양한 분야의 트렌드를 발표한다. 이는 다음의 다섯 가지 단계로 전개된다.

① 최초 기술 촉발되는 단계

② 거품이 정점에 이르는 단계

③ 많은 사람이 실망하는 환멸 단계

④ 다시 조명을 받는 계몽 단계

⑤ 안정적으로 활용이 되는 생산성 안정 단계

여기서 '2019년 디지털 정부 기술 트렌드 하이프 사이클'을 살펴보자.

- 기술 촉발innovation trigger 단계: 정부 디지털 트윈, 데이터 마켓 플레이스, AI 개발 툴킷
- 거품 정점peak of expectation 단계: 스마트 로봇, 디지털 정부 기술 플랫폼, 스마트 로봇, 스마트 작업 공간, 고객 참여 허브, 챗봇, 대화형 사용자 인터페이스, 시민 디지털 ID, 기계학습, 블록체인
- 환멸trough of disillusionment 단계: DaaS, 이벤트 스트림 프로세싱, RPA, 고객의 소리, IoT 플랫폼, 마이크로 서비스, 교차 에이전시 사례관리
- 계몽 단계slope of enlightenment 단계: 정부 클라우드 서비스, 예측 분석, 옥외 위치정보
- 생산성 안정plateu of productivity 단계: 클라우드 오피스

〈도표〉 가트너 그룹의 디지털 정부 기술 하이프 사이클, 2019

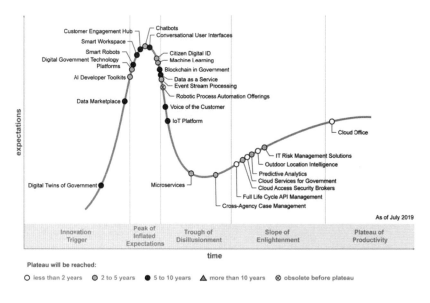

자료: 가트너 그룹

또한 가트너 그룹의 디지털 정부 트렌드는 최근에 급변하는 디지털 기술 트렌드에 상이한 부분도 있지만 충분히 참조할만하다.

국내 디지털 정부 추진 현황

우리나라는 과거 세계 최고 수준의 전자정부를 구축한 바가 있다. 그러나 디지털 사회가 도래하자 기존의 전자정부는 국민·기업·공무원의 욕구를 충족시키는 데 한계를 표출하고 있다. 전자정부 서비스는 국민과 최종 이용자 관점에서 서비스 혁신 미흡, 데이터 측면에서 기관별로 축적·보유한 데이터의 연계와 활용 부족, 시스템 측면에서 디지털 신기술의 적기 도입과 활용 곤란, 거버넌스 측면에서 디지털 전환을 위한 부처 간 협업 등 추진체계 취약이라는 문제점을 드러내고 있다. 따라서 정부는 '디지털 정부 혁신 추진계획'을 발표하였다. 비전은 '디지털로 여는 좋은 세상'이며, 이를 위한 추진원칙으로는 다음의 네 가지를 설정하였다.

① 최종 이용자의 관점에서
② 공공 서비스 수준 향상을 목표로
③ 혁신 친화적인 방식으로
④ 국민과 함께

디지털 정부혁신의 우선 추진과제는 다음과 같다.

〈도표〉 디지털 정부 혁신 추진 개념도

자료: 디지털 정부혁신 비전과 우선 추진과제

· '선제적 · 통합적 대국민 서비스 혁신'은 안내 · 추천 · 신청 및 결과 확인에 대한 '맞춤형 안내', 출산 · 결혼 · 사망 등의 주요 이벤트에 대해 '생애 주기 서비스', 사회적 취약계층의 맞춤형 복지에 대한 '선제적 서비스', 디지털 기반의 공공서비스를 발굴하는 '혁신적 서비스'를 수행한다.

· '공공부문 마이 데이터 활성화'는 국민의 '자기정보 활용' 및 '자기정보 다운로드', 스마트폰을 활용한 '전자 증명서', 스마트폰 기반의

디지털화된 '모바일 신분증', 고지서 · 안내문의 온라인화 및 간편한
납부가 가능한 '디지털 고지 · 수납'을 포함한다.

· '시민참여를 위한 플랫폼 고도화'는 모든 콜센터를 통합한 '국민의 소
리', 시민이 참여하여 사회문제를 해결하는 '도전 한국', 오프라인 수수
료 감면 및 비대면 서비스를 확산하는 '취약계층 지원'으로 구성된다.

· '현장 중심 협업을 지원하는 스마트 업무환경 구현'은 공무원의 PC
이용 환경을 개선하는 '스마트 업무환경', 모바일을 통해 현장 행정
을 고도화하는 '모바일 행정'이 있다.

· '클라우드와 디지털 서비스 이용 활성화'는 '민간 클라우드 이용 확
대', AI 및 클라우드 서비스의 개발 · 운영을 지원하는 '개방형 플랫
폼', 민간 서비스를 정부에 제공하는 유통 플랫폼인 '서비스 전문계
약'으로 구성된다.

· '개방형 데이터 · 서비스 생태계 구축'은 정부 데이터의 연계 · 수
집 · 분석 · 활용을 지원하는 '데이터 연계', '공공데이터 개방', '공공
서비스 개방'이 있다.

이러한 추진과제 수행을 통해서 얻어지는 효과는 대국민 측면에서 공
공서비스에 대한 이용자 경험을 획기적으로 개선하고, 정부 내부 측면에서
는 국민과 현장의 요구에 민감하게 반응할 수 있는 정보로 혁신하며, 산업

〈도표〉 페이코 마이데이터 서비스 구현 사례

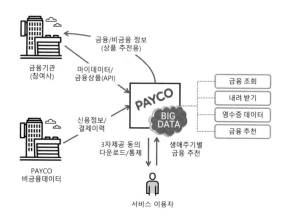

측면에서는 개방형 생태계를 기반으로 소프트웨어 산업의 글로벌 도약을
기대한다.

마이 데이터

개인이 자신의 정보를 적극적으로 관리·통제하는 것은 물론 이러한 정보를 신용이나 자산관리 등에 능동적으로 활용하는 일련의 과정을 말한다. 마이데이터를 이용하면 각종 기관과 기업 등에 분산된 자신의 정보를 한꺼번에 확인할 수 있으며, 업체에 자신의 정보를 제공해 맞춤 상품이나 서비스를 추천받을 수 있다. 마이데이터는 은행 계좌와 신용카드 이용내역 등 금융데이터의 주인을 금융회사가 아니라 개인으로 정의하는 개념이다. 마이데이터가 허용되면 개인은 여러 금융회사에 흩어진 금융정보를 통합 관리할 수 있게 된다. 이는 데이터 3법개인정보보호법·신용정보법·정보통신망법 개정으로 2020년 8월부터 사업자들이 개인의 동의를 받아 금융정보를 통합 관리해주는 마이데이터산업이 가능해진다. [11]

2021년은 출발점에 불과하다

2021년은 전자정부에서 디지털 정부로 전환된 출발점에 불과하다. 현재 디지털 정부를 주도하는 주체는 싱가포르, 호주, 브라질, 한국 그리고

OECD 정도다. 이들이 제시하는 디지털 정부의 모델은 원시적인 수준으로 평가된다. 그러한 이유는 현행의 각국 디지털 정부는 '디지털 정부 전략'이 수립되지 않은 채로 무분별한 서비스 모델의 나열에 급급하기 때문이다. 우리나라 역시 전략 수립 단계를 생략하고, '디지털 정부 혁신 추진계획'을 2019년 11월에 발표했다.

그러나 우루과이 정부는 '디지털 정부 전략 2020'을 통해 청사진을 제시하는 점이 다르다. 우루과이 전략은 여섯 개 분야와 열아홉 개 원칙 그리고 쉰여섯 개 과제가 제시되고 있다. 디지털 정부의 전략과 원칙에 대해 알아보자.

① 정부 접근성 측면에서는 시민과 국가 간의 e-상호작용의 보편화, 중앙 정부 기관 서비스의 통합되고 단일화된 접근을 제공, 우선적인 영역에서 공공 서비스의 트랜스포메이션 촉진

② 개방형 정부 측면에서는 투명성 및 책임성 증진, 참여적이고 협력적인 정부 구축, 기본적으로 데이터 개방의 가용성 향상

③ 지능형 정부 측면은 사실 기반의 의사결정 프로세스 강화, 능동적 서비스와 스마트시티의 설계를 위한 플랫폼 및 예측 분석 모델 개발, 데이터와 신기술의 집중적 활용에 기반한 새로운 서비스 구현

④ 효율적 정부 측면은 집행 및 문서에 대한 관리 프로세스 최적화, 기

〈도표〉 우루과이 디지털 정부 전략체계

정부 접근성	e-상호작용 보편화	접근의 통합/단일화	공공서비스 트랜스포메이션
개방형 정부	투명성 및 책임성	참여 및 협력	기본 데이터 개방
지능형 정부	사실 기반의 의사결정	능동 서비스를 위한 예측분석	데이터/신기술의 집중적 활용
효율적 접근성	집행 및 문서관리	서비스와 자산의 공유	공공기록물의 디지털화
정부 전반	디지털 정부의 플랫폼 혁신	전략 영역의 플랫폼	데이터 아키텍처
신뢰하는 디지털 정부	생태계 강화 / 리스크 관리/운영 연속성	디지털 ID 범용화	규제 체계 개선

자료: Uruguay's 2020 Digital Government Strategy

술 서비스 및 자산의 공유체계 개발, 공공 기록물 디지털화를 선도

⑤ 정부 전반에서는 디지털 정부 플랫폼의 개발, 전략적 부문에서 새로운 상호운용이 가능한 솔루션 개발, 정부의 조직의 상호운용성을 지원하는 데이터 아키텍처 구축

⑥ 신뢰하는 디지털 정부는 사이버 보안 생태계 강화, 리스크 관리 및 운영 연속성 촉진, 디지털 ID 범용화, 디지털 정부 규제 프레임워크 개선

이처럼 우루과이의 디지털 정부 전략은 비교적 짜임새가 있다.

우리가 살펴본 디지털 정부는 코로나19 이전에 수립된 전략과 계획들이다. 포스트 코로나 시대의 디지털 정부는 모든 것을 백지장에서부터 시작해야 한다. 기존의 디지털 정부에 대한 관점은 국민의 편익, 기업의 성장, 공무원의 일하는 환경에 대한 것이다. 그러나 포스트 코로나 시대에는 기존 전제조건이 바뀌었다. 코로나19 때문에 9월에 열리는 정기국회조차 못 열리는 형편이다. 정부의 기능이 마비됨을 의미한다.

코로나19는 국가와 정부를 마비시키는 위력을 지니고 있다. 심지어 헌법에 명시된 집회의 자유, 신앙의 자유, 자본주의에 대한 제한과 같은 것도 고민하게 한다. 따라서 포스트 코로나의 디지털 정부는 우선적으로 원격의료, 원격교육, 공공기관의 비대면 민원처리, 비대면 기업활동 지원 등이 중점적으로 다루어져야 할 것이다.

부록 - 뉴딜의 주요 내용

Ⅰ. 추진배경

디지털 전환은 데이터, 네트워크, 인공지능(D.N.A) 등 디지털 신기술을 바탕으로 산업의 혁신을 견인하고 국가경쟁력을 결정짓는 핵심요소로 자리매김 하고 있다.

· 더욱이 코로나19로 인한 비대면화의 확산 및 디지털 전환 가속화 등 경제사회 구조의 대전환은 '디지털 역량'의 중요성을 재확인하고 있는 상황이다.

* 디지털 기반 플랫폼 기업이 지난 10년간 글로벌 GDP 중 신규 부가가치의 70%를 창출(WEF)

· 이렇게 변화하는 환경 속에서 우리가 선도적으로 나아가기 위해서는 디지털 분야에 대한 대규모 투자가 꼭 필요하다고 할 수 있다.

Ⅱ. 주요내용

디지털 뉴딜은 4대 분야 12개 추진과제로 구성되어있다.

〈디지털 뉴딜 4대 분야 12개 추진과제〉

1. D.N.A. 생태계 강화

① 데이터 구축 · 개방 · 활용

② 전 산업 5G · AI 융합 확산

③ 5G · AI 기반 지능형(AI) 정부

④ K-사이버 방역 체계

2. 교육인프라 디지털 전환

⑤ 초중고 디지털 기반 교육 인프라 조성

⑥ 전국 대학, 직업훈련기관 온라인 교육 강화

3. 비대면 산업 육성

⑦ 스마트 의료 · 돌봄 인프라

⑧ 중소기업 원격근무 확산

⑨ 소상공인 온라인 비즈니스 지원

4. SOC 디지털화

⑩ 4대 분야 핵심인프라 디지털 관리체계 구축

⑪ 도시 · 산단 공간 디지털 혁신

⑫ 스마트 물류체계 구축

① D.N.A 생태계 강화

① 국민생활과 밀접한 분야의 데이터 구축 · 개방 · 활용

 · 공공데이터 개방, 분야별 데이터 수집 · 활용 확대 등 데이터 수집 · 개방 · 활용에서부터 데이터 유통 및 인공지능(AI) 활용에 이르기까지 데이터 전주기 생태계를 강화하고 민 · 관 합동 데이터 컨트롤 타워 마련을 통해 데이터 경제 전환 가속화를 추진한다.

② 1 · 2 · 3차 전산업 5세대 이동통신 · 인공지능 융합 확산

 · 전 산업의 디지털 전환 및 신 시장 창출 촉진을 위해 산업현장에 5세대 (5G) 이동통신 · 인공지능(AI) 기술을 접목하는 융합 프로젝트를 진행한다.

- 디지털콘텐츠, 자율주행차, 자율운항선박 등 산업분야에 5세대(5G) 이동통신 기반 융합서비스를 확산하고 스마트공장, 의료, 치안 등 다양한 산업·공공 분야에 인공지능 활용을 확대하여 산업의 고도화를 추진해 나간다.

- 또한 스마트 대한민국펀드 투자 등을 통해 디지털 혁신기업 육성을 추진하는 한편, 6세대(6G) 이동통신 통신, 차세대 지능형 반도체, 홀로그램 등 선도기술 개발을 지원하고 인공지능을 활용하여 신제품·서비스를 개발할 수 있도록 중소기업에 인공지능(AI) 솔루션 구매 바우처를 제공할 계획이다.

③ 5세대 이동통신·인공지능 기반 지능형(AI) 정부

· 개인맞춤형 공공서비스를 신속처리 하는 지능형(AI) 정부로 혁신하고 5세대(5G) 이동통신 업무망·클라우드 기반 공공 스마트 업무환경을 구현할 계획이다.

- 행정 디지털화 촉진을 통해 비대면 공공서비스 및 맞춤형 행정서비스를 제공하고 공공분야의 블록체인 시범사업도 확대한다.

- 전 정부청사(39개 중앙부처)에 5세대(5G) 이동통신 국가망을 단계적으로 구축하고 공공 정보시스템의 클라우드 전환도 추진한다.

④ K-사이버 방역체계 구축

· 디지털 전환 가속화에 따른 사이버위협 노출에 효과적으로 대응하기 위해 K-사이버 방역체계도 구축한다.

- 사이버 위협에 취약한 중소기업의 보안역량 강화를 위해 맞춤형 보안컨설팅 등을 지원하고 원격근무·화상회의 이용 증가에 따라 관련 보안의 중요성이 높아짐에 따라 비대면 서비스용 소프트웨어의 보안취약점을 진단하고 보안기술을 지원*할 계획이다.

* 개발·제조환경 보안 취약점 컨설팅, 민간전문가가 참여·지원하는 개방형 취약점분석 플랫폼 운영 등

- 그리고 블록체인·클라우드·5세대(5G) 이동통신 등 신기술을 활용한 보안 시범사업 추진으로 유망한 보안기술 및 기업의 성장을 지원한다.

② 교육인프라 디지털 전환

⑤ 모든 초중고에 디지털 기반 교육 인프라 조성

· 전국 초중고, 대학, 직업훈련기관의 온 · 오프라인 융합학습 환경 조성을 위해 교육 인프라의 디지털 전환을 추진한다.

- 고성능 와이파이 · 디지털 기기 등 디지털 교육환경을 완비*하여 '유연화-연결화-지능화'된 온 · 오프라인 융합 학습환경을 구현할 계획이다.

* 전국 초중고 전체교실에 고성능 와이파이 100% 구축(~'22), 교원 노후 PC · 노트북 20만대 교체 및 온라인 교과서 선도학교 1,200개교에 교육용 태블릿PC 24만대 지원 등

⑥ 전국 대학 · 직업훈련기관 온라인 교육 강화

· 온라인 강의 인프라 · 콘텐츠 확충 및 플랫폼 고도화 등을 통해 양질의 온라인 대학교육 · 평생교육 · 직업훈련 시스템도 완비해 나간다.

- 특히 한국형 온라인 공개강좌(K-MOOC)에 인공지능·로봇 등 4차 산업혁명 수요에 적합한 유망강좌의 개발을 확대하고 해외 MOOC와 협력하여 글로벌 유명 콘텐츠도 도입할 예정이다.

③ 비대면 산업육성

⑦ 스마트 의료 및 돌봄 인프라 구축

· 감염병 위험에서 의료진과 환자를 보호하고 환자의 의료편의를 제고하는 디지털 기반의 스마트 의료 인프라를 구축한다.

- 그리고 만성질환자, 어르신, 장애인 등의 빈틈없는 건강관리를 위한 비대면 의료 시범사업 인프라도 확충할 계획이다.

⑧ 중소기업 원격근무 확산

· 비용부담, 경험 부족 등으로 어려움을 겪는 중소기업에 원격근무 인프라 및 컨설팅을 지원하고 중소·벤처 기업이 밀집한 전국 주요거점*에 공동 활용할 수 있는 화상회의실도 구축할 계획이다.

* 지식산업센터, 창업보육센터, 테크노파크 등

- 또한 기존 원격근무에 첨단 디지털 신기술을 접목하여 일하는 공간 및 방식을 혁신하는 '디지털 워크' 기술개발도 지원한다.

* 디지털 워크(Digital Work): 기존 원격근무에 첨단 디지털 신기술을 접목하여 "일하는 공간" 뿐만 아니라 "일하는 방식"을 혁신

⑨ 소상공인 온라인 비즈니스 지원

· 비대면화 · 디지털화에 대응하여 소상공인의 경쟁력 제고를 위해 소상공인 온라인 판로지원* 및 사업장 · 제조설비 등의 스마트화**도 지원할 계획이다.

* 소상공인 32만명 대상 온라인 기획전 · 쇼핑몰, 라이브커머스 입점 등 지원
** 스마트 기술을 소상공인 사업장에 적용한 스마트상점 10만개, 스마트 공방 1만개 구축

4 사회간접자본(SOC) 디지털화

⑩ 4대 분야 핵심 인프라 디지털 관리체계 구축

· 안전하고 편리한 국민 생활을 위해 도로·철도·항만 등 핵심기반시설의 디지털화 및 효율적 재난 예방·대응시스템을 마련한다.

※ (교통) 안전하고 효율적 교통망 구축을 위해 도로·철도·항만·공항 등에 디지털 관리체계 도입

(디지털트윈) 안전한 국토·시설 관리 등을 위해 도로·지하공간·항만 대상 디지털 트윈 구축

(수자원) 국가하천·저수지·댐에 대한 원격제어 시스템과 상시모니터링 체계 구축

(재난대응) 재해 고위험지역 경보시스템 설치, 재난관리자원 통합관리 시스템 구축

⑪ 도시·산단의 공간 디지털 혁신

· 국민의 안전하고 편리한 생활여건을 조성하고 기업 경쟁력을 강화

하기 위해 생활 · 업무공간 디지털화 등 스마트시티 · 산단을 확대한다.

- 교통 · 방범 · 방재 등 분야별로 운영되던 CCTV를 통합 · 연계한 지자체 CCTV 통합플랫폼을 구축하는 한편, 인공지능 · 디지털 트윈 등 신기술을 활용하여 도시문제 해결하고 삶의 질 제고를 도모하는 스마트시티 국가시범도시 구축*을 지원할 계획이다.

* '19~'23년 추진, 세종(5-1구역) · 부산(에코델타 스마트시티) 조성

- 또한 산단 운영 효율화와 입주기업 생산성 제고를 위해 제조공정혁신이 가능한 스마트산단도 확대 구축해 나갈 예정이다.

⑫ 스마트 물류체계 구축

· 최적배송 등 소비자 편익제고 및 물류경쟁력 강화를 위해 4차 산업혁명 기술을 활용한 스마트 물류 인프라를 확충해 나간다.

- 신속한 물류서비스 제공을 위해 수도권 · 교통 중심지에 스마트 물류단지 · 센터를 확충하고 수출입 물류 효율화를 위해 블록체인, 빅데이터 등

을 활용한 항만 물류 인프라의 디지털화를 추진한다.

- 또한 로봇 · 사물인터넷 · 빅데이터 등 첨단 물류기술 개발과 현장적용을 위한 실증도 추진해 나갈 계획이다.

Ⅲ. 대표과제

- 당 · 정 · 청 간 긴밀한 협업을 통해 '한국판 뉴딜 세부과제' 중 기준*에 부합하고 미래비전을 제시하는 과제를 10대 대표과제로 선정하였다.

* (선정기준) ① 경제 활력 제고 등 파급력이 큰 사업, ② 지역균형발전 및 지역경제 활성화 촉진효과가 큰 사업, ③ 단기 일자리 뿐만 아니라 지속가능한 대규모 일자리 창출 사업, ④ 국민이 변화를 가시적으로 체감할 수 있는 사업, ⑤ 신산업 비즈니스 활성화 등 민간 투자 파급력 · 확장성이 있는 사업

· 디지털 뉴딜에서는 ①데이터 댐, ②지능형 정부, ③스마트 의료 인프라, ④국민안전 기반시설(SOC) 디지털화, ⑤디지털 트윈을 5대 대표과제로 내세우고 있다.

· 디지털 뉴딜 관련 5대 대표과제별 주요내용은 다음과 같다.

1. 데이터 댐

◇ (데이터) 분야별 풍부한 데이터 확충 및 표준화 · 통합 관리로 데이터 활용 확산

◇ (5G · 인공지능 융합) 다양한 5G · 인공지능 융합서비스 신시장 창출 및 글로벌 선도

– (개요) 데이터 댐 사업은 데이터 수집 · 가공 · 결합 · 거래 · 활용을 통해 데이터 경제 가속화하고 5세대(5G) 이동통신 전국망에 기반하여 모든 산업으로 5세대(5G) 이동통신와 인공지능 융합서비스를 확산하려는 사업이다.

· 과거 미국 대공황 시 '후버댐' 건설이 뉴딜의 대표사업으로 일자리 창출과 경기부양 효과뿐 아니라 댐에서 만들어진 전력생산과 관광산업, 도시 개발까지 다양한 연관 산업과 부가가치를 만들었다.

· '데이터 댐'의 개념도 유사하다. 인공지능 학습용 데이터 수집·가공하는 사업 등을 통해 신규 일자리를 창출함은 물론 이를 활용하여 의료, 교육, 제조 등 연관 분야에서 새로운 비즈니스와 산업을 만들 수 있다. 이때 5세대(5G) 이동통신을 이용하면 데이터 수집과 활용 시 부가가치가 더욱 높아지고 데이터가 많아질수록 인공지능이 똑똑해 져서 우리의 당면 문제를 해결하는데 도움을 줄 것으로 기대된다.

- (주요내용) 데이터 댐의 주요 내용은 다음과 같다.

① 데이터

· (공공데이터) 민간 데이터 산업 활성화 및 데이터 기반 서비스·정책 개발 지원을 위해 정밀도로지도, 안전·취약 시설물 관리 정보 등 공공데이터의 개방과 연계를 확대한다. '21년까지 개방 가능한 14.2만개 공공데이터 전체를 신속히 개방하고, 공동 빅데이터 분석시스템을 구축하여 각 기관이 개별 시스템을 구축하지 않고도 타 기관 데이터와 연계·분석할 수 있도록 지원할 것이다.

· (데이터 수집·활용) 생산성 증대, 국민생활 편의 제고를 위해 제

조·산업, 의료·바이오 등 생활밀접 분야의 빅데이터 구축 및 활용을 확대한다.

- 또한 데이터경제 전환 가속화를 위해 공공·민간 등 국가 데이터 수집·연계·활용 정책을 총괄하는 민·관 합동 컨트롤타워를 마련('20년 하반기)하고 데이터 3법 후속 시행령 개정, 가이드라인 제정 및 마이데이터 활용 활성화 등을 추진할 계획이다.

· (데이터 거래) 활용도가 높은 빅데이터의 구축·분석·활용 지원을 위해 분야별 빅데이터 플랫폼을 추가 구축(10개→30개)하고, 빅데이터 플랫폼을 통한 데이터 가명처리·결합 지원, 8,400개 기업 대상 데이터 구매·가공 바우처 제공을 통해 데이터 거래·유통을 활성화한다.

- 그리고 빅데이터 플랫폼, 데이터스토어, 공공데이터 포털 등의 개별 플랫폼을 통합 데이터 지도에 연계하는 등 데이터·플랫폼 간 연계를 강화하고 데이터 거래원칙 및 기준 마련을 추진하여 데이터 거래·활용을 활성화할 계획이다.

· (인공지능 학습용 데이터) 수요가 많고 기술적으로 구현 가능한(언

어 말뭉치, 자율주행 영상데이터 등) 인공지능 학습용 데이터를 '25년까지 1,300종 추가 구축하고, 중소 · 스타트업의 인공지능 기술 개발 · 적용을 위해 인공지능 학습용 데이터 가공 바우처를 기업에 제공하여 일자리 창출과 인공지능 고도화를 지원할 계획이다

② 5세대(5G) 이동통신 전국망 및 5세대(5G) 이동통신 융합서비스

· 5G망 조기 구축을 위해 투자 세액공제 등 민간투자에 대한 인센티브를 마련하고 디지털 콘텐츠, 자율주행차, 자율운행선박 등 다양한 분야의 5세대(5G) 이동통신 기반 융합서비스를 개발하고, 공공부문에 선도적으로 적용하여 대국민서비스를 개선하여 민간으로 확산될 수 있도록 지원한다.

③ 인공지능 융합 활용 고도화
· 스마트공장, 스마트건설, 의료, 스마트 팜 등 전 산업영역에 인공지능 활용을 확대하여 기존 산업을 고도화하고 국민이 체감하는 지능화 혁신을 선도해 나갈 것이다.

- 공공서비스 분야에서는 감염병, 의료, 치안 등 경제적 파급효과와 국민 체감도가 높은 전략 분야에 대해 'AI+X 프로젝트'*를 추진한다.

* ①신종감염병 예후 · 예측, ②의료영상 판독 · 진료, ③국민안전 확보, ④해안경비 · 지뢰 탐지, ⑤불법복제품 판독, ⑥제조 공정 · 품질 관리, ⑦산업단지 에너지효율화 등

- 또한 글로벌 기준에 맞는 인공지능 윤리기준을 수립하고 인공지능 분야의 포괄적 네거티브 규제 로드맵 마련 및 미래지향적 인공지능 기본법제 정비를 추진('20년 하반기)할 계획이다.

④ 디지털 집현전

· 누구나 쉽게 지식정보에 접근할 수 있고, 지식공유 · 확산이 가능하도록 온라인 통합 플랫폼(디지털 집현전)을 구축하여 분산되어 있는 도서관 데이터베이스, 교육콘텐츠, 박물관 · 미술관 실감콘텐츠 등을 연계하여 통합검색 · 활용 서비스를 제공할 계획이다.

2. 지능형(AI) 정부

◇ (지능형 서비스) 모바일 신분증 도입 및 개인 맞춤형으로 정부서비

스를 선제 제공

◇ (디지털 인프라 확충) 국가망을 5G로 전환, 정보시스템을 클라우드 환경으로 전환

- (개요) 지능형(AI) 정부 사업은 블록체인 · AI 등 신기술과 5G · 클라우드 등 디지털 기반을 활용하여 비대면 맞춤형 정부서비스를 제공하고 일 잘하는 정부를 구현하려는 사업이다.

- (주요사업) 지능형(AI) 정부의 주요 사업은 다음과 같다.

① 모바일 신분증 도입 및 지능형 공공서비스 제공
· 블록체인 기반 모바일 신분증을 도입*하여 온 · 오프라인에서 안전하고 편리한 디지털 신원증명체계를 구축하고 국민 개개인에게 필요한 서비스를 적시에 알려주고 대화형으로 편리하게 신청 · 처리하는 국민비서(AI비서) 서비스**를 제공한다.

* ('20) 공무원을 대상으로 모바일 공무원증 도입, ('21) 일반국민 대상 모바일 운전면허증 도입

** ('20) 사전알림 서비스 제공, ('21) 납세 · 복지 분야를 시작으로 각
종 서비스를 신청 · 처리

- 또한 복지급여 중복수급 관리, 부동산 거래, 온라인 투표 등 국민체
감도가 높은 분야의 블록체인 시범 · 확산사업도 추진할 계획이다.

② 스마트 업무환경 구현 및 공공정보시스템 클라우드 전환

· 공공부문의 유선망을 5세대(5G) 이동통신 무선망으로 전환*하여,
신속한 업무처리와 현장중심의 행정을 지원하고, 소규모 전산실에서 운영
중인 공공부문의 정보시스템을 '25년까지 민간 · 공공 클라우드센터로 전
환하여 사이버위협 대응력을 강화하고 운영비용을 절감한다.

* '21년까지 15개 기관을 대상으로 실증사업을 추진하고, '24년까지 서
울 · 세종 등 4개 정부청사에 5G 무선망 구축

- (제도개선) 모바일 신분증 도입을 위해 관련 법령을 개정하고, 민간
클라우드 서비스를 효과적으로 이용하도록 디지털 서비스 전문계약 제도
를 마련하는 등 관련 제도 개선도 적극 추진할 계획이다.

3. 스마트 의료 인프라

◇ (스마트 의료) 감염병 위협에서 국민 안전을 지키는 스마트 의료 인프라 구축

- (개요) 감염병 위협에서 의료진-환자를 보호하고, 환자의 의료편의 제고를 위해 디지털 기반 스마트 의료 인프라를 구축해 나갈 계획이다.

· 안전한 진료환경 조성을 위해 디지털 기반 스마트병원 구축 및호흡기전담클리닉* 설치 등을 추진하고, 의원급 의료기관에 화상진료 장비를 지원할 계획이다.

* (호흡기클리닉) 음압시설, 동선분리 등 감염예방 시설을 갖추고 있으며, 사전 전화상담 등을 통해 환자상태 확인 및 대면진료 필요시 예약제 적용

· 더불어, 의료데이터 품질 제고, 의료서비스 질 향상을 위해 전자의무기록(EMR) 프로그램 표준화를 지원하고자 한다.

* 전자의무기록(EMR) 인증제 시행('20.6월)에 이어 EMR프로그램 성능

개선 지원

- (주요사업) 스마트 의료 인프라의 주요 투자사업은 다음과 같다.

① 감염병 안심 스마트 의료 인프라

· 환자안전 강화, 진단·치료 질 제고, 의료진 업무부담 경감 등 보건 의료정책 가치를 달성할 수 있는 주요과제를 선정하여, 현장에서 이를 실증하고 효과를 검증한 후 의료기관에 도입·확산할 예정이다.

- 특히, 2020년도에는 코로나19 장기화 등에 대비하여 핵심과제로 감염병 대응 솔루션*에 집중하고 향후 25년까지 매년 스마트병원 3개를 구축하여 총 18개 구축할 계획이다.

* 원격중환자실, 스마트 감염관리, 병원 내 자원관리

② 호흡기전담클리닉

· 코로나19 장기화 및 호흡기감염(독감 등) 동시 유행을 대비하여 호

흡기·발열 환자가 안전하게 진료 받고 의료기관을 감염으로부터 보호하기 위한 호흡기전담클리닉을 1,000개소 설치할 계획이다.

- 동선분리, 음압장비 등 감염 예방 시설과 장비를 갖추도록 개소당 1억원을 지원하며, '20년 3차 추경으로 500개소, '21년 500개소 설치할 예정이다.

- 전화상담 등을 통해 증상을 사전 확인하고, 예약제를 적용하여 환자 간 교차 감염을 최소화하게 된다.

③ 인공지능(AI) 정밀의료

· 간질환, 폐암, 당뇨 등 12개 질환별 인공지능 정밀진단이 가능한 소프트웨어를 개발하고 실증하는 닥터앤서 2.0 사업도 추진할 계획이다.

※ 닥터앤서 1.0 사업('18~'20, 364억원) : 치매 등 8개 중증질환별 인공지능 진단 소프트웨어 개발

- (제도개선) 감염병 대응, 국민 편의 제고를 위해 의료계 등과 충분한

논의를 거쳐 보완 장치를 포함하는 비대면 의료 제도화를 추진하고,

· 환자가 집에서도 필요한 의료서비스를 충분히 받을 수 있도록 정보통신기술(ICT)을 활용한 주기적인 점검(모니터링) 및 관리 등을 제공하는 '재택의료 건강보험 수가 시범사업*'도 지속 확대해나갈 예정이다.

* 복막투석 환자, 일차의료 만성질환관리(고혈압·당뇨병), 1형 당뇨병 환자, 가정용 인공호흡기 환자 등을 대상으로 비대면 모니터링 및 내원 안내 등 재택의료 서비스 제공

4. 국민안전 SOC 디지털화

◇ (SOC 디지털화) 현재 아날로그식 국가인프라 관리시스템을 스마트한 국가인프라 관리체계로 전환하여 이용자 안전 및 편의 제고

- (개요) 안전하고 효율적인 교통망 구축을 위해 도로·철도·공항 등 기반시설에 인공지능(AI) 및 디지털기술 기반의 디지털 관리 체계를 도입하여 이용자의 안전과 편의를 제고한다.

- (주요사업) 국민안전 SOC 디지털화의 주요사업은 다음과 같다.

· (도로) 자율차 등 미래차의 원활한 주행과 안전한 도로환경을 제공하기 위해 전체 국도와 4차로 이상 지방 주요간선도로에 차세대 지능형교통시스템(C-ITS*) 구축을 추진한다.

* C-ITS(Cooperative Intelligent Transport System) : 자동차間 또는 자동차와 교통인프라 間 상호 통신을 통해 안전·편리함을 추구하는 차세대 지능형 교통시스템

· (철도) 모든 철로에 전기설비 사물인터넷(IoT) 센서를 설치하여 실시간 상태를 진단하고 다자간 대용량 데이터 통신이 가능한 4세대 철도무선망을 구축한다.

- 또한 열차에 설치 가능한 '선로 안전점검 무인검측시스템'을 도입하여 철도시설 유지관리 체계를 고도화한다.

· (공항) 전국 15개 공항에 항공기 탑승권, 신분증, 지문, 얼굴정보 등을 통합한 비대면 생체인식시스템을 2022년까지 구축한다.

· (하천) 하천의 수재해 대응과 하천관리 효율성 향상을 위해 전국 73개 국가하천 배수시설에 대한 자동·원격 제어시스템과 국가하천 전 구간(3,600km)에 하천관리용 CCTV를 설치하여 실시간 모니터링 체계를 2022년까지 구축할 계획이다.

· (재난대응) 급경사지 등 재해위험지구의 위험징후를 조기 발견할 수 있는 사물인터넷 기반 조기경보시스템을 설치(~'22, 510개소)하고 둔 치주차장 침수위험을 차주에게 신속히 알리는 시스템을 확대 구축(~'22, 180개소)한다.

- (제도개선) 자율주행차 제작에 필요한 안전기준을 부분자율차('20.7 월 시행)와 완전자율차('21년 이후)에 대하여 단계적으로 마련하고 자율주 행차 발전 단계별로 규제를 지속 정비할 계획이다.

5. 디지털 트윈

◇ (디지털 트윈) 신산업 기반 마련 및 안전한 국토·시설관리를 위한 디지털 트윈 구축

- (개요) 현실과 같은 가상세계인 '디지털 트윈'을 구축하여, 신산업을 지원하고 국토의 안전관리를 강화할 계획이다.

· '디지털 트윈'은 3차원 공간정보를 기반으로 행정 · 민간정보 등 각종 데이터를 결합 · 융합한 것으로 국토 · 도시문제의 해법을 제공하고, 스마트 시티 · 자율주행차 등 신산업이 원활히 작동하도록 하는 기본 인프라이다.

- (주요사업) '디지털 트윈'의 기반인 ①전국 3차원 지도, ②지하공간 통합지도 · 지하공동구 지능형 관리시스템, ③정밀도로지도 구축을 조기에 완료할 계획으로 각 내용은 다음과 같다.

· (3D 지도) 도심지 등 주요 지역의 지형을 3차원으로 구축하고, 12cm급 고해상도 영상지도를 작성할 예정이다.

· (지하공간) 상 · 하수도, 공동구 등 지하공간을 입체적으로 파악할 수 있는 지하공간 3차원 통합지도*를 마련하고 노후 지하공동구(120km)** 에 계측기 설치 등 지능형 관리시스템을 구축할 계획이다.

* 지하공간통합지도 : 상·하수도, 통신, 전력, 가스, 열수송, 지하공동구, 지반정보 등 15종의 지하정보를 반영한 3차원 지도

** 전체 322km 중 스마트한 관리로 수명연장이 가능한 노후(10~30년) 지하 공동구

· (정밀도로지도) 자율주행차를 위한 핵심 인프라인 정밀도로지도를 국도와 4차로 이상 지방도까지 확대 구축할 예정이다.

– (제도개선) 산업계 활용 지원을 위해 현재는 오프라인으로 제공되는 정밀도로지도 데이터의 온라인 제공을 추진하고, 산업계의 의견수렴도 한층 강화할 계획이다.

끝으로 정부는 많은 기업과 국민들이 디지털 뉴딜에 거는 기대가 크다는 것을 깊이 인식하고 성공적인 이행과 국민이 체감하는 성과 창출을 위해 다음의 사항을 유념하여 추진할 계획이다.

– 첫째로 속도감 있는 사업 이행이다.

· 어려워진 경제상황을 조기에 극복하기 위해 관련 지원 사업이 적기

에 집행되고 민간에 파급될 수 있도록 금년 추경사업 등을 속도감 있게 집행해 나갈 계획이다.

· 이를 위해 정부는 수차례 관련 업계와 기관의 의견을 수렴하였으며 민간에서 제시한 창의적 아이디어를 사업에 반영하는 등 즉시 사업을 추진할 수 있는 환경을 마련하기 위해 노력하였다.

- 둘째는 민·관의 선순환 생태계를 조성하는 것이다.

· 디지털 뉴딜의 파급력 확대를 위해 정부투자가 마중물이 되어 민간기업의 투자가 촉진되고 새로운 기업과 산업의 등장으로 이어져 지속가능한 대규모 일자리가 창출되는 선순환 구조를 만들어야 한다.

· 사업 추진과정에서 현장의 애로사항과 진행과정을 확인할 수 있는 방안을 모색하고 예산 투입 효과를 확인하여 정부예산이 제대로 쓰일 수 있도록 노력할 것이다.

- 마지막으로 추격형 경제에서 선도형 경제로 탈바꿈할 수 있도록 미래 신산업 발굴에 힘써야 한다.

· 4차 산업혁명과 디지털 대전환이라는 전 세계적인 거대한 흐름 속에서 코로나 이후를 우리나라가 선도할 수 있도록 조기에 새로운 비즈니스 창출을 위해 최선을 다하고자 한다.

- 정부는 앞으로도 관련된 기업, 협회 등 현장의 목소리를 지속적으로 청취하고 소통하며 민·관의 힘을 모아 디지털 뉴딜을 추진하여 경제위기 극복 및 미래사회 선도라는 두 마리 토끼를 모두 잡을 수 있도록 추진해 나갈 것이다.

2부

TREND 3 해외여행, 국내여행을 대체할 '가상세계로의 여행'

1) 네이버 지식백과 참고 및 인용. (https://terms.naver.com/entry.nhn?docId=3484011&cid=58439&categoryId=58439, https://terms.naver.com/entry.nhn?docId=932177&cid=43667&categoryId=43667, https://terms.naver.com/entry.nhn?docId=3573450&cid=59088&categoryId=59096)

TREND 4 구독·언택트… 비즈니스 모델의 진화

2) 네이버 지식백과 참고 및 인용. (https://terms.naver.com/entry.nhn?docId=3403564&cid=42107&categoryId=42107, https://terms.naver.com/entry.nhn?docId=5807316&cid=59277&categoryId=65525, https://terms.naver.com/entry.nhn?docId=3583919&cid=40942&categoryId=31846)

TREND 5 모든 것의 시작과 끝에는 플랫폼이 있다

3) KDB산업은행, 〈IT 비즈니스 플랫폼 발전방향과 활용 과제〉 참고 및 인용.

TREND 6 빅데이터 마켓, 당신의 기록을 사고팝니다

4) 중부일보 기사 참고 및 인용.

5) 네이버 지식백과 참고 및 인용. (https://terms.naver.com/entry.nhn?docId=3580815&cid=59088&categoryId=59096, https://terms.naver.com/entry.nhn?docId=3533295&cid=40942&categoryId=32838, https://ko.wikipedia.org/wiki/%ED%8C%8C%EC%9D%B4%EC%8D%AC)

TREND 7 5G도 멀었는데 벌써 6G라니?

6) 경향비즈 기사 참고 및 인용.

7) 위키백과 참고 및 인용. (https://ko.wikipedia.org/wiki/%EC%95%8 4%EB%A7%88%EC%A1%B4_%EC%97%90%EC%BD%94)

TREND 11 CCTV는 공공장소를 관찰하고 IoT는 개인을 추적한다

8) Cisco(2011) 참고 및 인용.

9) 네이버 지식백과 참고 및 인용. (https://terms.naver.com/entry. nhn?docId=3577301&cid=59088&categoryId=59096, https://terms. naver.com/entry.nhn?docId=3478265&cid=58439&categoryId=58439, https://terms.naver.com/entry.nhn?docId=3581913&cid=42171&categor yId=58698)

10) Porter&Heppelmann(2014) 참고 및 인용

TREND 12 '공무원식 보수주의' 벗고 달라지는 스마트 정부

11) 네이버 지식백과 참고 및 인용. (https://terms.naver.com/entry. nhn?docId=5670156&cid=43667&categoryId=43667, https://terms.

naver.com/entry.nhn?docId=5680641&cid=42107&categoryId=42107,

https://terms.naver.com/entry.nhn?docId=5883295&cid=43659&categor

yId=43659)

부록 - 참고 자료

도서

ㄱ

· 권병일 저,《디지털 트랜스포메이션》, 도서출판청람(이수영), 2018.02.10.

ㅁ

· 모하메드 엘 에리언 저, 손민중 역,《새로운 부의 탄생》, 한국경제신문사(한경비피), 2009.01.15.

ㅂ

· 박영숙 · 제롬 글렌 저,《세계미래보고서 2035-2055》, 교보문고, 2020.06.05.
· 빅토르 마이어 쇤버거 · 케네스 쿠키어 저, 이지연 역,《빅 데이터가 만드는 세상》, 21세기북스, 2013.05.16.

ㅇ

· 알렉산더 오스터왈더 · 예스 피그누어 저, 팀 클락 편저, 유효상 역,
《비즈니스 모델의 탄생》, 타임비즈, 2011.10.07.

ㅈ

· 자크 아달리 저, 편혜원 · 정혜원 역, 《21세기 사전》, 중앙m&b,
1999.10.31.
· 존 나이스비트 저, 《메가트렌드 2000》, 한국경제신문사(한경비피),
2002.08.31.

논문 및 보고서

ㄱ

· 고용노동부, 〈직종별 고용구조 변화(2015년 대비 2030년 변화)〉

ㅎ

· 한국무역협회, 〈다시 뛰는 미국 제조업, 플랫폼 전략을 통한 혁신〉, 2015.12.

· 한국은행, 〈코로나19 이후 경제구조 변화와 우리 경제에의 영향〉, 2020.06.

· 한국정보화진흥원, 〈인공지능기반 챗봇 서비스의 국내외 동향분석 및 발전전망〉

C

· Carl Benedikt Frey · Michael A. Osborne, 〈THE FUTURE OF EMPLOYMENT: HOW SUSCEPTIBLE ARE JOBS TO COMPUTERISATION?〉

· CB insights, 〈Artificial Intelligence Trends To Watch In 2020〉

I

· IDC, 〈Impact of COVID-19 on China's Economy and ICT Market〉

L

· LG경제연구원, 〈최근 인공지능 개발 트렌드와 미래의 진화 방향〉

P

· Paul Timmers, 〈Business Model for Electronic Markets〉

웹사이트

- 리모티브(remotive.io)

- 메이크샵(www.makeshop.co.kr)

- 세컨드라이프(www.secondlife.com)

- 업워크(www.upwork.com)

- 위워크리모틀리(weworkremotely.com)

- 이랜서(www.elancer.co.kr)

- 코리아센터(www.koreacenter.com)

- 코보트(www.coboat.org)

- 해커 파라다이스(www.hackerparadise.org)

기사

ㄱ

- 고성호, '도로교통 안전성–수출기업 경쟁력 높일 '디지털 뉴딜' 가속', 동아일보, 2020.09.29., https://www.donga.com/news/article/all/20200929/103185694/1
- 곽주현, "5200만명의 힘'… 카카오 2분기 "역대 최대 실적"", 한국일보, 2020.08.06., https://www.hankookilbo.com/News/Read/A2020080609380000204?did=NA
- 곽창렬, '딥페이크 공포… 외국서 만들면 속수무책?', 조선일보, 2020.05.02., http://news.chosun.com/site/data/html_dir/2020/05/01/2020050101114.html
- 곽희양, '반려동물 IoT 서비스, 결합 요금제 첫 출시', 경향비즈, 2020.03.17., http://biz.khan.co.kr/khan_art_view.html?artid=202003172129015&code=930100#csidxc2289b061de21d39078715273d72cb3
- 권유진, '국산 AI 엑소브레인, "경산돈데"같은 구어체도 알아듣는다', 중앙일보, 2020.08.06. https://news.joins.com/article/23842756

· 길재식, '[이슈분석] 초개인화 데이터 유통 시대 개막....데이터3법 발효', 전자신문, 2020.08.04., https://www.etnews.com/20200804000189

· 김동준, "'플랫폼 정원사' 자처한 조성욱… '디지털 공정경제' 정조준', 디지털타임스, 2020.09.09., http://www.dt.co.kr/contents.html?article_no=2020091002100658062002&ref=naver

· 김성훈, "'디지털 뉴딜에 2025년까지 58조 투자'", 국민일보, 2020.07.16., http://news.kmib.co.kr/article/view.asp?arcid=0924147753&code=11151100&cp=nv

· 김아름, '기업 72% "디지털전환이 최우선 과제"', 파이낸셜뉴스, 2020.08.18., https://www.fnnews.com/news/202008181734237511

· 김아름, '코로나 불황속 활로 찾는 커피전문점… 배달서비스 더 늘린다', 디지털타임스, 2020.09.15., http://www.dt.co.kr/contents.html?article_no=2020091602101332060001&ref=naver

· 김용완, '전북 정읍시 '2020 대한민국 VR · AR 체험박람회' 코로나로 취소', 노컷뉴스, 2020.07.29., https://www.nocutnews.co.kr/news/5386602

· 김은정, '서류전형 단계에 '디지털 과제'… 국민은행 채용 논란', 조

선일보, 2020.09.24., https://www.chosun.com/economy/stock-finance/2020/09/24/SCUPUQXU7NH25FH5FQKOBPDCLA/?utm_source=naver&utm_medium=original&utm_campaign=news

· 김은지, "'5G, 포스트코로나 시대 디지털 전환 촉발할 것'", 디지털 타임스, 2020.07.01., http://www.dt.co.kr/contents.html?article_no=2020070102109931032007&ref=naver

· 김지선, '[CIO 서밋 2020]포스트 코로나 시대, 기업 디지털 전환 가속화한다', 전자신문, 2020.09.06., https://www.etnews.com/20200906000030

· 김지원, "'구독경제'의 진화', 경향비즈, 2019.12.18., http://biz.khan.co.kr/khan_art_view.html?artid=201912182114015&code=920401

· 김성훈, '코로나19 최대 수혜자 'OTT'… 숏폼 플랫폼 '퀴비', 판도 바꾸나, 국민일보, 2020.04.09., http://news.kmib.co.kr/article/view.asp?arcid=0924132250&code=11151400&cp=nv

· 김성훈, '[경제] 코로나 파고, 디지털혁신으로 넘는다 VR 부품 조립 · AR 신차공개… 급변하는 미래, 첨단으로 맞서다', 문화일보, 2020.09.24., http://www.munhwa.com/news/view.html?no=2020092401032339176002

· 김승룡, "'스마트공장 · 전문 인력 늘려 중소벤처 디지털 전환 지

원", 디지털타임스, 2020.08.26., http://www.dt.co.kr/contents.
html?article_no=2020082702100658614001&ref=naver

· 김호기, "[김호기의 굿모닝 2020s] 경제와 위험, '이중적 뉴
노멀 시대'의 도래… 코로나가 우리의 대응을 묻는다", 한국
일보, 2020.04.21., https://www.hankookilbo.com/News/
Read/202004191050744144

· 김호연, "文대통령 "디지털 뉴딜은 '데이터댐' 만드는 것"",
파이낸셜뉴스, 2020.06.18., https://www.fnnews.com/
news/202006181734550741

ㄹ

· 류종은, '[그렇구나! 생생과학]"주차 스트레스 안녕" 사람보다 정
확하고 안전한 '자동주차'', 한국일보, 2020.04.11., https://www.
hankookilbo.com/News/Read/202004082347034667

ㅁ

· 문경근, '경찰 사건정보 · 구청 CCTV 컬래버… '스마트시티' 성동,

골든타임 지킨다', 서울신문, 2020.04.19., https://go.seoul.co.kr/
news/newsView.php?id=20200420012006&wlog_tag3=naver

· 민지혜, '코로나 충격 아모레 "디지털 동맹으로 위기탈출"', 한
국경제, 2020.08.06., https://www.hankyung.com/economy/
article/2020080610971

ㅂ

· 박민식, '서울시, 코로나 이후 달라진 일상 AI챗봇으로 알아낸다', 한
국일보, 2020.07.08., https://www.hankookilbo.com/News/Read/
A2020070813440005491?did=NA

· 박상영, '['코로나19' 확산 비상]통신 · 카드사 정보 바로 확인⋯확
진자 동선, 10분 내로 파악', 경향비즈, 2020.03.25., http://biz.khan.
co.kr/khan_art_view.html?artid=202003252141005&code=920501#
csidxcabfbc43c3989bb9f443da6f41000d0

ㅅ

· 서동철, '마윈 "코로나시대 디지털 교육 못하면 그 나라는 미

래 없어"', 매일경제, 2020.09.18., https://www.mk.co.kr/news/economy/view/2020/09/967140/

· 서정민, '포스트 코로나 시대, 극장은 그래도 살아남을까요?', 한겨레, 2020.04.15., http://www.hani.co.kr/arti/culture/culture_general/937161.html

· 송종호, '[코로나19] 오늘부터 학원에서도 집합금지 적용…비대면 수업만 허용', 아주경제, 2020.08.31., https://www.ajunews.com/view/20200831082251176

· 송종호, '"데이터 큰장 선다"…어깨 펴는 카드사', 서울경제, 2020.08.03., https://www.sedaily.com/NewsView/1Z6FQSZJDI

· 신민준, '"협력사와 상생"…LG전자, 스마트 팩토리 · 디지털 전환 '순항"', 이데일리, 2020.09.20., https://www.edaily.co.kr/news/read?newsId=01361206625902088&mediaCodeNo=257&OutLnkChk=Y

· 신희철, '신동빈 회장 "포스트 코로나 대비 디지털 전환 가속"', 동아닷컴, 2020.06.05., https://www.donga.com/news/article/all/20200604/101371491/1

ㅇ

· 안영국 · 안호천, '2025년까지 실감형 콘텐츠에 3300억 투자…문 대통령, "세계 선도할 디지털콘텐츠 국가로"', 전자신문, 2020.09.24., https://www.etnews.com/20200924000192#

· 오로라, '가상이야 현실이야? 창덕궁 가니 전설 속 해치가 눈 앞에…', 조선일보, 2020.07.27., https://www.chosun.com/site/data/html_dir/2020/07/27/2020072702834.html

· 오로라, '수천억 빚 남긴채 사라진 오포, 공유경제의 비극', 조선일보, 2020.07.30., https://www.chosun.com/site/data/html_dir/2020/07/29/2020072904592.html

· 오수영, '벌써 '5G 이후' 내다본다…업계 · 정부 6G R&D 박차', SBSCNBC, 2020.08.06., https://cnbc.sbs.co.kr/article/10000992093?division=NAVER

· 유근형, '"구독경제 융합" 코웨이 인수한 넷마블, "콘텐츠 확보" 영화 업체에 투자한 엔씨', 동아닷컴, 2020.07.30., https://www.donga.com/news/article/all/20200730/102220029/1

· 윤승민, '"네이버 · 카카오 등 플랫폼의 금융 진출…판매 독점 등 우월적 지위 남용 우려"', 경향비즈, 2020.08.03., http://biz.khan.co.kr/khan_art_view.html?artid=202008031712011&code=920301#

csidxed270d15197311aae0e6e593b737e8a

· 이건혁, '카카오 자회사들 상장 '잰걸음'… 실탄 충분한 네이버 '정
중동'', 동아닷컴, 2020.09.07., https://www.donga.com/news/
article/all/20200906/102814686/1

· 이광석, '[이광석의 디지털 이후](20)장밋빛 '스마트시티' 이면엔…
'정보인권 침해' 큰손의 그림자', 경향비즈, 2020.07.10., http://biz.
khan.co.kr/khan_art_view.html?artid=202007100600005&code=93
0100#csidxe9a0d61eaf11f45a330b69d08424c3a

· 이경민, '고용부, 비전공자도 디지털 인재로 키우는 'K 디지털
트레이닝' 개시', 전자신문, 2020.09.22., https://www.etnews.
com/20200922000211

· 이윤화, '[위대한 생각] ① 망해가던 닌텐도 구원한 '디지털 대전
환'', 이데일리, 2020.09.28., https://www.edaily.co.kr/news/read?n
ewsId=02512486625904712&mediaCodeNo=257&OutLnkChk=Y

· 이재민, '5G 망 구축 미비…다중 시설 3분의 1은 안 터진다', MBC
뉴스, 2020.08.05., https://imnews.imbc.com/news/2020/econo/
article/5865003_32647.html

· 이종구, '스쿨존 교통사고 0건… 고양 '스마트 IoT 보행로' 혁신 챔
피언 인증', 한국일보, 2020.07.16., https://www.hankookilbo.com/

News/Read/A2020071613530002537?did=NA

· 이준기, '디지털 기술 선점하라… 불붙은 AI특허 확보戰', 디지털타임스, 2020.09.17., http://www.dt.co.kr/contents.html?article_no=2020091802101031731001&ref=naver

· 이지혜, '[속보] 국회 폐쇄 29일까지 연장…9월 정기회는 정상진행', 한겨레, 2020.08.27., http://www.hani.co.kr/arti/politics/assembly/959605.html#csidx0835001a2b148958842911f442173b5

· 이형두, '[라이징 스타트업 CEO 좌담회]"코로나19는 딥체인지 기회"…언택트에 방점', 전자신문, 2020.09.23., https://www.etnews.com/20200922000158

· 이효석, '5G 서비스구역 안내 못 받은 고객에 KT 대리점이 130만원 보상', 연합뉴스, 2020.05.28., https://news.v.daum.net/v/20200528060013508?f=m&from=mtop

· 임성빈, '네이버·카카오·배민 '플랫폼 갑질' 잡는다', 중앙일보, 2020.05.26., https://news.joins.com/article/23785365

· 임세정, '코로나 시대 커지는 빈부격차…교육·일자리 양극화 심해진다', 국민일보, 2020.09.26., http://news.kmib.co.kr/article/view.asp?arcid=0924157297&code=11141100&cp=nv

ㅈ

· 장병철, '코로나가 가전AS문화도 바꿨다', 문화일보, 2020.08.04., http://www.munhwa.com/news/view.html?no=2020080401072403024001

· 전호성 · 최세호, '[코로나19가 바꾼 학교교육⑤ - 인터뷰 | 강은희 대구시교육감] "위기를 기회로, 학습공백 격차 줄이고 미래교육 실행 중"', 내일신문, 2020.08.03., http://www.naeil.com/news_view/?id_art=357728

· 정상연, '모바일 헬스케어 등 코로나 시대 '비대면 건강관리' 서비스 확대', 동아닷컴, 2020.08.31., https://www.donga.com/news/article/all/20200829/102699663/1

· 조계완, '코로나 덮친 '세계의 공장'…디지털 경제로 급속 전환', 한겨레, 2020.08.19., http://www.hani.co.kr/arti/economy/marketing/958324.html#csidxe0871379fbc5661b2fb5ba1d3fa2533

· 조계완, '코로나 상대적 호황 업종도 신규 채용은 '좁은 문'', 한겨레, 2020.09.01., http://www.hani.co.kr/arti/economy/marketing/960310.html#csidxed50e333ea17cf09c8c007f8e376af7

ㅎ

· 황태호, '식품업계도 '구독 경제' 시대', 동아닷컴, 2020.07.07.,

https://www.donga.com/news/article/all/20200707/101847623/1

디지털 트렌드 2021

초판 1쇄 발행 · 2020년 10월 31일

지은이 · 권병일·권서림
펴낸이 · 김동하

책임편집 · 양현경
기획편집 · 김원희
온라인마케팅 · 이인애

펴낸곳 · 책들의정원
출판신고 · 2015년 1월 14일 제2016-000120호
주소 · (03955) 서울시 마포구 방울내로9안길 32, 2층(망원동)
문의 · (070) 7853-8600
팩스 · (02) 6020-8601
이메일 · books-garden1@naver.com
포스트 · post.naver.com/books-garden1

ISBN · 979-11-6416-068-6 (03320)